海外旅行が100倍楽しくなる！

世界中使える
旅行英会話
大特訓

CD 2枚付

柴山　かつの
Shibayama Katsuno

Jリサーチ出版

はじめに　旅行英会話を学び、世界を広げてもらいたい

　旅行英会話の執筆依頼を受けたとき、どれだけ嬉しかったことでしょう！旅行英会話書を執筆するのは長年の私の夢だったのです。

　旅行英会話書を誕生させたかった理由をお話ししましょう。私は長年英語講師をしていますが、旅行英会話を学びたい生徒さんがとても多いです。
　私は海外旅行が大好きで、今まで22回の海外旅行歴があり、16カ国を旅しました。読者のみなさんには、**「経験に基づいた本！　生き生きとした本！」**で旅行英会話を学んでほしかったのです。フレーズ集では私の目的は達成できません。生き生きとした会話の場面を思い浮かべながら勉強できる、**旅行者とネイティブスピーカーのダイアローグ**で旅行英会話を教えたかったのです。

　海外旅行といえば、英会話初心者だった頃、旅行先で道に迷って困ったときに May I help you? と見知らぬ人に声をかけてもらって助かり、いろいろと親切にしてもらったことを思い出すと、顔がほころび嬉しくなります。また、英語が通じず困ったこともたくさん思い出します。（本書には、財布をすられたこと、忘れ物をしたことなど、私の失敗した経験もたくさん載せています）

　相手の言っていることがわからなくて困ったことも多いです。ナゼでしょう？　リスニング力が弱かったからでしょうか？　相手の言っていることがわかっても、こちらの英語が通じなかったことも多いです。ナゼでしょう？　必要なフレーズが言えてなかったから？　発音が悪かったからでしょうか？

　ナゼ、リスニング力が弱かったのでしょうか？
　ナゼ、発音が悪かったのでしょうか？

　それは学習方法を間違えていたからなのです。ですから、本書は**「正しい学習方法を身に付けて旅行英会話が上手になってもらいたい」**の気持ちをこめて執筆しました。

私の長年の英語講師歴を振り返ってみると、英検3級程度の人でも、旅行英会話を上手に話せる人もいます。これは、**旅行英会話は中3修了レベルの英語力があり、正しい勉強法で学べば話せるようになる**ことの証明です。

　その反面、「時事問題等のスピーチはできるけれどリズム感が必要な旅行英会話は苦手」という生徒さんや、「英語でプレゼンはできるけど海外出張中のレストランなどの会話は苦手」という生徒さんもいます。
　私も若かりし頃、両親と海外旅行し、「どうして政治や経済は英語で話せるのに、あなたの英会話はレストランやお店で通じないことがあるの？」と疑問視され、恥ずかしい思いをしました。

　ナゼ、私の旅行英会話は通じなかったのか？
　それは旅行英会話の勉強をしていなかったからなのです。

　さあ、みなさん、本書で旅行英会話の勉強をして、世界を広げましょう。
　空港についたら早速英語を使って、色んな人に出会って、英語で話して世界を広げましょう。見出しも探しやすくなっているので、現地でサッとひいて活用することもできます。

　英会話ができると世界のどこへでも旅ができます。自分の可能性が広がります。自分の世界が広がると、今まで自分の世界が小さかったことに気づきます。そして小さなことにクヨクヨしなくなり、心が明るくなります。本書が旅行英会話にとどまらず、**皆さんの世界を広げる本になってくれること**を心からお祈りします。

　本書がこの世に産声を上げるのに、丁寧にネイティブチェックしてくださっただけでなく、真夜中でさえEメールでご指導してくださった日米英語学院講師Paul Dorey先生に心から感謝申し上げます。そして本書で旅行英会話を学習してくださる皆さん、心からありがとうございます。

　本書が末永く読者の皆様に愛され続けますように。

著者　柴山かつの

CONTENTS

はじめに ……………………………………………………… 2
旅行を 100 倍楽しくするための英会話の心得 ……… 8
練習法 ………………………………………………………… 9
本書の使い方 ……………………………………………… 10
CD の使い方 ……………………………………………… 12
発音トレーニング ………………………………………… 13

第1章 まずはこれだけ編 …………… 25

| UNIT 1 | 自己紹介 ……………………………………… 26
| UNIT 2 | 場所を聞く …………………………………… 28
| UNIT 3 | 英語が聞き取れない ………………………… 30
| UNIT 4 | 時間を尋ねる① ……………………………… 32
| UNIT 5 | 時間を尋ねる② ……………………………… 34
| UNIT 6 | 便利フレーズ～座席に関して～ …………… 36
| UNIT 7 | 便利フレーズ～列に関して～ ……………… 38
| UNIT 8 | 写真撮影① …………………………………… 40
| UNIT 9 | 写真撮影② …………………………………… 42
| UNIT 10 | レジでのお会計 ……………………………… 44
| UNIT 11 | 店での両替 …………………………………… 46
| UNIT 12 | 両替所での両替 ……………………………… 48

コラム：数字とお金 ……………………………………… 50

第2章 機内・空港編 ………………… 51

| UNIT 13 | 空港～チェックイン①～ …………………… 52
| UNIT 14 | 空港～チェックイン②～ …………………… 54
| UNIT 15 | 機内① ………………………………………… 56
| UNIT 16 | 機内② ………………………………………… 58
| UNIT 17 | 機内③ ………………………………………… 60
| UNIT 18 | 機内④ ………………………………………… 62
| UNIT 19 | 機内⑤ ………………………………………… 64

UNIT 20	機内⑥	66
UNIT 21	飛行機の遅延	68
UNIT 22	入国審査	70
UNIT 23	空港〜荷物関係①〜	72
UNIT 24	空港〜荷物関係②〜	74
UNIT 25	税関	76
	機内・空港の単語	78

第3章 ホテル編 … 79

UNIT 26	部屋の予約	80
UNIT 27	チェックイン①	82
UNIT 28	チェックイン②	84
UNIT 29	チェックイン③	86
UNIT 30	交通手段の手配	88
UNIT 31	トラブル①	90
UNIT 32	トラブル②	92
UNIT 33	トラブル③	94
UNIT 34	ホテルサービス	96
UNIT 35	施設利用・チェックアウト	98
	ホテルの単語	100

第4章 飲食編 … 101

UNIT 36	電話で予約する	102
UNIT 37	入店する	104
UNIT 38	注文する①	106
UNIT 39	注文する②	108
UNIT 40	注文する③	110
UNIT 41	注文する④	112
UNIT 42	注文する⑤	114
UNIT 43	食事を楽しむ	116
UNIT 44	困ったとき①	118
UNIT 45	困ったとき②	120

UNIT 46	お会計	122
UNIT 47	ファストフード	124
UNIT 48	バー①	126
UNIT 49	バー②	128
飲食の単語		131

第5章 買い物編 ……………………………133

UNIT 50	基本フレーズ	134
UNIT 51	服屋①	136
UNIT 52	服屋②	138
UNIT 53	服屋③	140
UNIT 54	服屋④	142
UNIT 55	服屋⑤	144
UNIT 56	靴屋①	146
UNIT 57	靴屋②	148
UNIT 58	ジュエリーショップ	150
UNIT 59	アクセサリー・時計	152
UNIT 60	化粧品店①	154
UNIT 61	化粧品店②	156
UNIT 62	土産物屋①	158
UNIT 63	土産物屋②	160
UNIT 64	スーパー①	162
UNIT 65	スーパー②	164
UNIT 66	交換・返品	166
UNIT 67	免税手続き	168
買い物の単語		170

第6章 交通・観光編 ……………………………171

UNIT 68	道案内①	172
UNIT 69	道案内②	174
UNIT 70	タクシー①	176
UNIT 71	タクシー②	178

UNIT 72	バス①	180
UNIT 73	バス②	182
UNIT 74	電車①	184
UNIT 75	電車②	186
UNIT 76	電車③	188
UNIT 77	美術館①	190
UNIT 78	美術館②	192
UNIT 79	1日ツアー①	194
UNIT 80	1日ツアー②	196
UNIT 81	劇場	198

交通・観光の単語 ……………………………………200

第7章 トラブル編 …………203

UNIT 82	忘れ物	204
UNIT 83	盗難	206
UNIT 84	薬局①	208
UNIT 85	薬局②	210
UNIT 86	病院①	212
UNIT 87	病院②	214
UNIT 88	処方箋	216
UNIT 89	症状(内科)	218
UNIT 90	症状(外科)	220

トラブルの単語 ……………………………………222

第8章 スモールトーク編 …………223

UNIT 91	話のきっかけ	224
UNIT 92	家への招待	226
UNIT 93	滞在中の感謝を伝える	228

さくいん ……………………………………………230

旅行を100倍楽しくするための英会話の心得

心得① 毎日の生活の中に英会話を取り入れよう

　毎日10分ずつでも音読し暗記する事が大切です。毎日3フレーズずつ暗記すれば1ヵ月で90フレーズも暗記できます。パーフェクトなフレーズを暗記すると自信をもって話せるようになります。1フレーズで何通りにも自由自在に応用できるフレーズもあります。

　趣味と思って暗記暗唱しましょう。スキマ時間を活用して通勤、通学電車の中で短いフレーズを暗記暗唱することも大切です。

心得② 発音とリスニング力を五感を使って伸ばそう

　発音を楽しみながらCDに合わせて練習しましょう。そうすれば、リスニング力も伸びます。聞く！　書く！　口に出して覚える！　と、五感を使って身に付けましょう。

　好きな歌なら何回もハミングして練習しますね。旅行英会話もこれと同じです。歌を何回も練習すれば心をこめて歌えるようになるように、旅行英会話フレーズも何度も練習すれば心をこめて話せるようになります。

心得③ 楽しい場面を思い浮かべ、頭を英語モードにしましょう

　海外旅行先で英語で買い物している姿や、素敵なレストランで食事をしたり、いろいろな場所を観光したりしている姿を思い浮かべながら、会話文のフレーズの暗記を楽しみましょう。

　また、日本国内で買い物、食事するときなども頭の中を英語モードで状況描写し、楽しみながら学びましょう。

「世界中使える旅行英会話 大特訓」の練習法

各UNITとも左ページに「日本語訳」、右ページに「英語フレーズ」が7つずつ並んでいます。次のSTEPに従って練習しましょう。

STEP ①
日本語ページにある英語表現のキーワードを参考にしながら、まずはゆっくりと自力で日本語に合った英語を言ってみましょう。そして、CDを使って答え合わせをして、英語を音読しましょう。とにかく音読が大事です！ きちんと声に出して言ってみましょう。

STEP ②
日本語を目隠しシートで隠し、英語フレーズを見ながらCDを聞いてみましょう。文字を目で追いながら注意深く聞いてください。次に英語フレーズを見ずにCDを聞いてみましょう。文字はどうだったか思い出しながら、聞いてみてください。

STEP ③
英語フレーズを目隠しシートで隠し、日本語を見て英語フレーズを言ってみましょう。まずは、日本語ページにある英語表現のキーワードを参考にしながらで大丈夫。忘れていたら、無理をせずに英語フレーズを確認してください。

STEP ④
CDを使いながら、日本語フレーズを聞いて自分で英語フレーズを言ってみる練習をしましょう。日本語のあとに発話練習のためのポーズがあります。慣れてきたら、CDだけを使って繰り返し練習しましょう。

本書の使い方

本書は「第1章 まずはこれだけ編」から始まります。場所や時間を聞きたい、英語が聞き取れなかった、自分の紹介をしたい…など、旅行先で絶対遭遇するシーンで使えるフレーズをそろえたので、まずはここから練習してください。第2章以降はシーン別にUNITが構成されています。

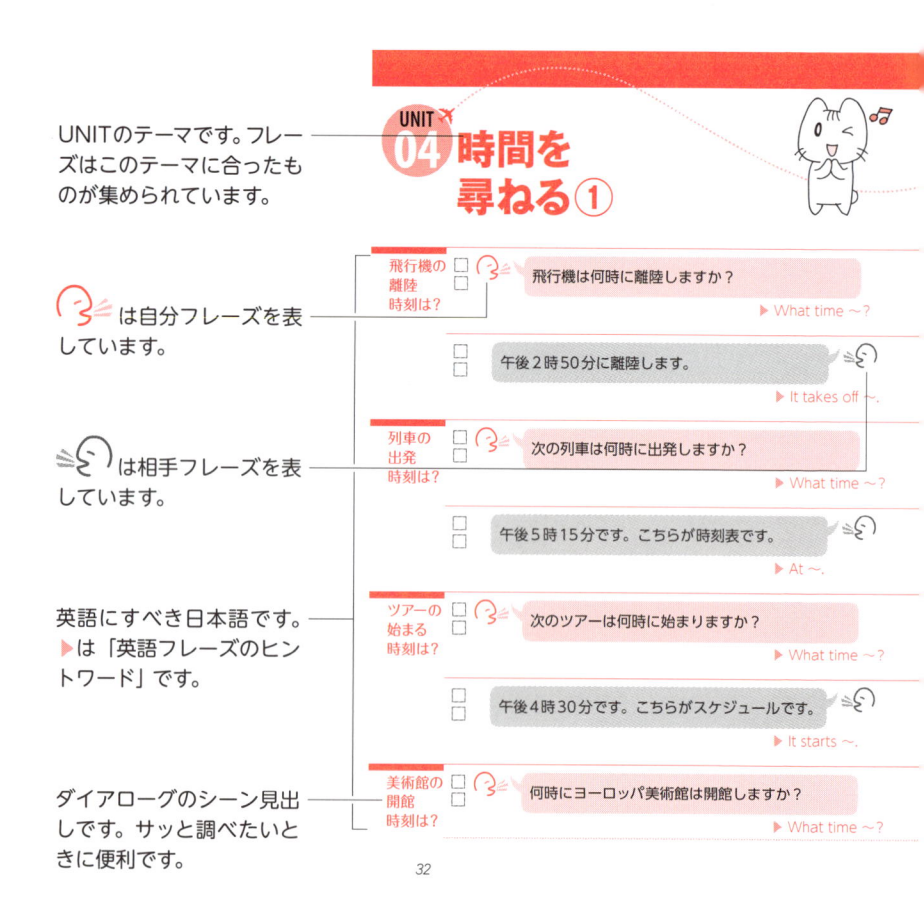

UNITのテーマです。フレーズはこのテーマに合ったものが集められています。

UNIT 04 時間を尋ねる①

🗣= は自分フレーズを表しています。

=🗣 は相手フレーズを表しています。

英語にすべき日本語です。▶は「英語フレーズのヒントワード」です。

ダイアローグのシーン見出しです。サッと調べたいときに便利です。

飛行機の離陸時刻は?
飛行機は何時に離陸しますか?
▶ What time ~?

午後2時50分に離陸します。
▶ It takes off ~.

列車の出発時刻は?
次の列車は何時に出発しますか?
▶ What time ~?

午後5時15分です。こちらが時刻表です。
▶ At ~.

ツアーの始まる時刻は?
次のツアーは何時に始まりますか?
▶ What time ~?

午後4時30分です。こちらがスケジュールです。
▶ It starts ~.

美術館の開館時刻は?
何時にヨーロッパ美術館は開館しますか?
▶ What time ~?

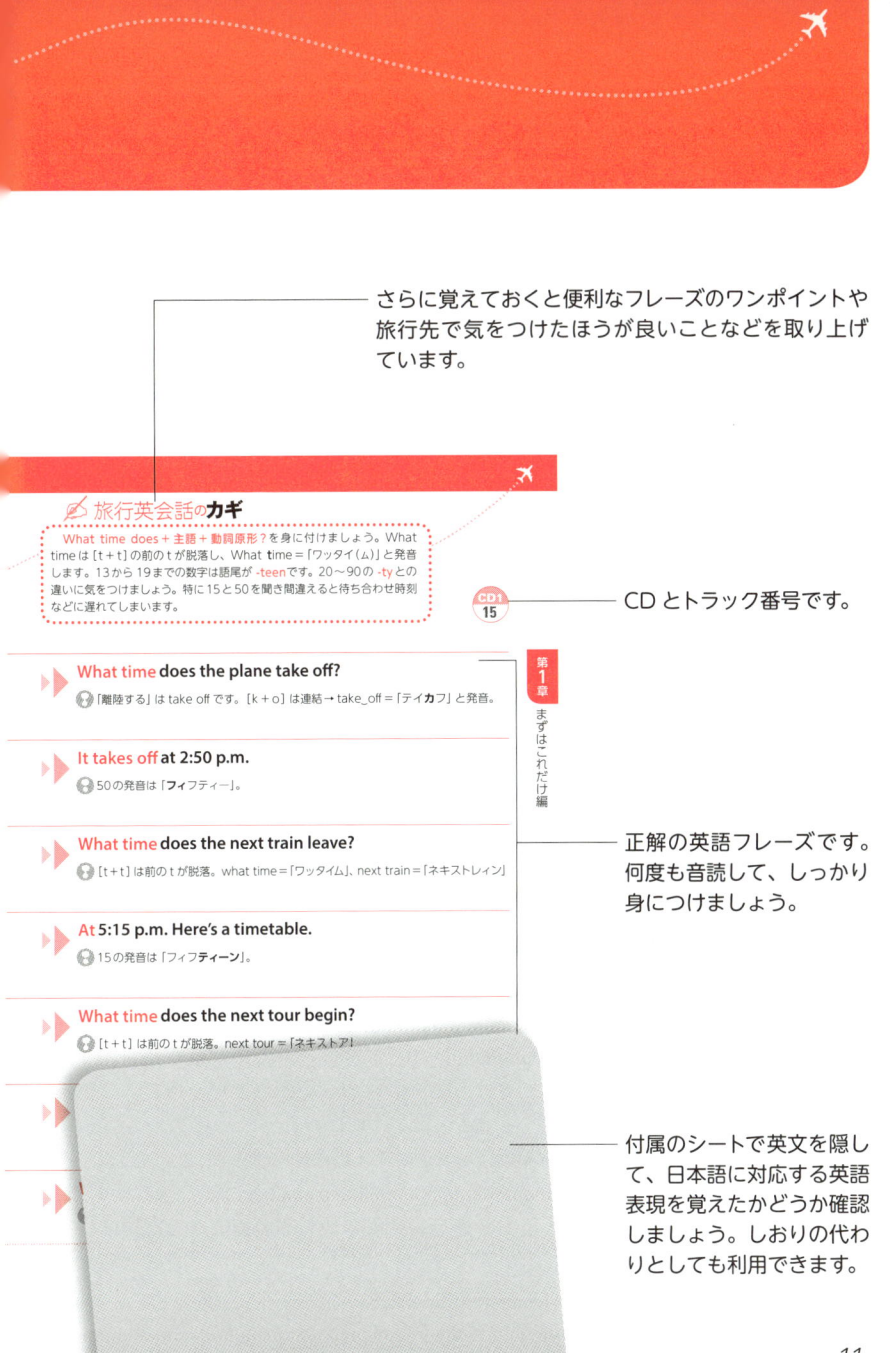

さらに覚えておくと便利なフレーズのワンポイントや旅行先で気をつけたほうが良いことなどを取り上げています。

旅行英会話のカギ

What time does + 主語 + 動詞原形？を身に付けましょう。What time は [t + t] の前の t が脱落し、What time =「ワッタイム」と発音します。13 から 19 までの数字は語尾が -teen です。20〜90の -ty との違いに気をつけましょう。特に 15 と 50 を聞き間違えると待ち合わせ時刻などに遅れてしまいます。

CD1
15

CD とトラック番号です。

▶▶ **What time does the plane take off?**
　🎧「離陸する」は take off です。[k + o] は連結 → take_off =「テイカフ」と発音。

▶▶ **It takes off at 2:50 p.m.**
　🎧 50 の発音は「フィフティー」。

▶▶ **What time does the next train leave?**
　🎧 [t + t] は前の t が脱落。what time =「ワッタイム」、next train =「ネキストレィン」

正解の英語フレーズです。何度も音読して、しっかり身につけましょう。

▶▶ **At 5:15 p.m. Here's a timetable.**
　🎧 15 の発音は「フィフティーン」。

▶▶ **What time does the next tour begin?**
　🎧 [t + t] は前の t が脱落。next tour =「ネキストア」

付属のシートで英文を隠して、日本語に対応する英語表現を覚えたかどうか確認しましょう。しおりの代わりとしても利用できます。

第1章 まずはこれだけ編

11

CDの使い方

　CDは2枚あり、各UNITの左ページの「日本語」と右ページの「英語フレーズ」がどちらも収録されています。「日本語 → (ポーズ) → 英語フレーズ」の順番で録音されているので、日本語のあとに自分で声に出して英語を言う練習ができます。

CD 音声例

例

「トイレはどこですか？」

▼

ポーズ

ここで、自力で英語を言ってみましょう。

▼

Where is the restroom?
自分の言った英語が正しいかどうか確認しましょう。

音声スピード

自分フレーズ　ネイティブスピードよりややゆっくり

　自分フレーズの目的はネイティブスピードで喋ることではなく、きちんと伝えられる英語を話すことなので、自分が話す音をまずはしっかりと確認できるように、少しゆっくりめで収録しています。

相手フレーズ　ネイティブスピード

　旅行先でネイティブがゆっくり喋ってくれるわけではないので、相手の言っていることをきちんと聞き取れるようになるために、相手フレーズはネイティブスピードで、フレーズによってはとてもカジュアルな言い方で収録しています。

発音トレーニング

　日本人がVanilla shakeを注文するとBanana shakeが出てくることがよくあるそうです。
　それはナゼ？
　日本人はvとbの発音ができてない人が多いからなのです。

　また、私自身も英会話初心者の頃、ハワイを旅行しPlease show me the way to McDonald's.とマグドナルドへの道順を尋ね、通じなかった恥ずかしい思い出があります。
　それは、ナゼしょうか？カタカナで「マクドナルド」と発音してしまっていたからなのです。
　また、レストランで、Rice please.と注文してニンマリ笑われたこと、意見が同じだったのでI think so, too.と言って、ニンマリ笑われた経験があります。それはナゼでしょうか？ lとr、thとsの発音を間違えていたからなのです。(lice（シラミ）、sink（沈む）の発音になっていたんです)

　海外旅行をしたとき、ネイティブスピーカーの英語が聞き取れなくて困ったこと、ありますよね。それって発音の連結や脱落のルールを知らなかったからなんです。

　さあ、今からこれだけ覚えれば大丈夫！な発音方法、聞き取り方法を学習しましょう！

発音トレーニング

母音と子音

母音

　日本語の「ア・イ・ウ・エ・オ」にあたる音のことです。日本語の母音は5つですが、英語には母音がたくさんあります。例えば、「ア」の音1つにしてもさまざまな「ア」の音があります。小さな口で発音する「ア」、口を大きく開けて発音する「ア」、「エ」と「ア」が混ざったような「ェア」、「ア」と「ウ」の中間の曖昧な音などです。また、「エィ」「アゥ」などの二重母音といわれるものもあります。

子音

子音は母音以外の音を指します。

例　　　母音
　　sun [sʌn]　（太陽）
　　　　子音

発音トレーニング 1
カタカナ英語からの脱却

　日本語は基本的に単語に強勢を置きませんが、英語は単語にも強勢を置きます。カタカナではどの音もカタカナ式ではっきり発音しますが、英語では強勢のない音節の母音が弱まります。

Please show me the way to McDonald's.
（マクドナルドへ行く道を教えてください）

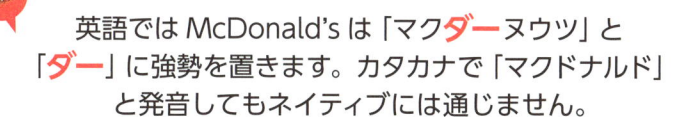

Point!

英語では McDonald's は「マク**ダー**ヌウツ」と「**ダー**」に強勢を置きます。カタカナで「マクドナルド」と発音してもネイティブには通じません。

Mayonnaise, please.
（マヨネーズをお願いします）

Point!

「マヨネーズ」は、英語では「メヤ**ネイ**ズ」です。カタカナで「マヨネーズ」と発音しては×。

Margarine, please.
（マーガリンをお願いします）

Point!

カタカナで「マーガリン」だと通じません。英語では「**マー**ジャリン」です。

発音トレーニング 2
間違いやすい似ている子音

日本人が苦手な似ている子音を練習しましょう。

① v と b

v
★ v は日本語のヴに近い音で上の歯で下唇を軽く噛み、息を強く出して作ります。

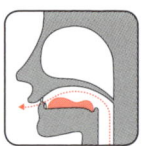

Vanilla shake, please.
（バニラシェイクをお願いします）

Point!
英語では「バ**ネー**ラ」と「**ネー**」にアクセントを置きましょう。カタカナでバニラと発音しても通じません。

b
★ b は唇を閉じて息をためてから「ビッ」と息を吐き出す感じの発音です。

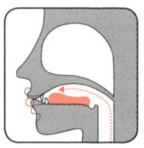

Banana shake, please.
（バナナシェイクをお願いします）

Point!
英語では「バ**ナァー**ナ」と「**ナァー**」にアクセントを置きます。

② r と l

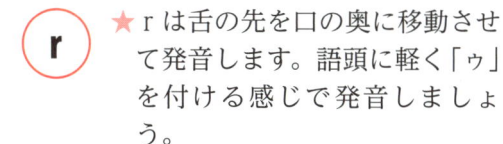

r

★ r は舌の先を口の奥に移動させて発音します。語頭に軽く「ゥ」を付ける感じで発音しましょう。

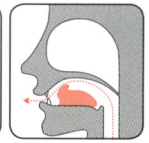

Rice, please.
（ライスをお願いします）

Point!

「(ゥ)ライス」と発音します。間違えて l の発音をすると lice「シラミ」になるので注意しましょう。

l

★ l は舌の先を上の歯の裏側につけて発音します。語頭に軽く「(ン)」をつける感じで発音しましょう。

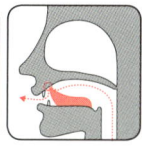

Turn left at the traffic light.
（信号を左に曲がりなさい）

Point!

light は「(ン)ライト」のような感じです。

発音トレーニング

③ thとs

th ★ thは舌の先を軽く噛んで息を「スッ」と出すような感じで発音します。

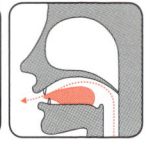

I think so, too.
（私もそう思います）

Point!

舌を噛まないで発音すると
sink「スィンク」（沈む・流し台）になってしまうので注意！

s ★ sはカタカナのサ行を勢いよく出して発音します。

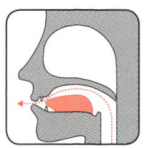

The sink is blocked.
（流し台が詰まっています）

Point!

thと異なり、カタカナのサ行に近い
「スィ」の音です。

発音トレーニング 3
連結ルール

「連結」とは音と音が仲良く手をつなぐことです。子音で終わる単語の後ろに母音が来る場合、イディオムや前の単語が後ろの単語を修飾する場合、連結が起こります。

Please turn_off the light.
（ライトを消してください）

Point!

子音のnと母音のoが連結して「ターノフ」です。

I'll pass_on your message to her.
（あなたのメッセージを彼女に伝えましょう）

Point!

子音のsと母音のoが連結して「パッソン」です。

Is the bus stop far_away from here?
（バス停はここから遠いですか？）

Point!

子音のrと母音のaが連結して
「ファーラウェイ」です。

発音トレーニング

The plane will take_off in_an_hour.
（飛行機は1時間後に離陸します）

Point!

子音のkと母音のoが連結して「テイカフ」、
3語連結 in an hour「イナナワ」にも注意。

I'll come to pick_it_up at 3.
（私は3時にそれを取りに来ます）

Point!

3語連結の pick it up =「ピキッラップ」、
または「ピキッタップ」。

Could you charge_it to my room?
（お勘定は私の部屋につけてもらえませんか？）

Point!

charge it は [g + i] の連結で
「チャージッ」となります。

I'd like to ren**t_a** car.

(レンタカーを借りたいのですが)

Point!

rent a car は [t + a] の連結で
「レン*タ*カー」になります。

Why don't you joi**n_u**s?

(ご一緒にいかがですか？)

Point!

join us は [n + u] の連結で「ジョイ*ナ*ス」です。

It'll depen**d_o**n the situation.

(それは状況次第です)

Point!

depend on は [d + o] の連結で「デペン*ド*ン」。

発音トレーニング 4
脱落ルール

　脱落とは、子音が連続する場合に、「一部の子音が脱落する＝ドロンと姿を消すこと」です。音が脱落する際に、その音があった場所に一瞬の途切れが生じるのが聞き取りのポイントです。

Is this your first time to go to Hawaii?
（ハワイに行くのは初めてですか？）

Point!

[t＋t] は前の t が脱落します。
first time ＝「ファースタイム」

You're wearing a nice shirt.
（あなたは素敵なシャツを着ていますね）

Point!

[s (ce) ＋ sh] は前の s が脱落して
「ナイッシャー (ッ)」となります。

I have a sharp pain in my stomach.
（私は胃がキリキリ痛いです）

Point!

[p＋p] は前の p が脱落します。
sharp pain ＝「シャーペイン」

I've got a bad cold.
（私はひどい風邪をひいてしまいました）

Point!

[d + c] は前の d が脱落し、cold の「d」も脱落します。
bad cold =「バッコウ」

Shall we get together at McDonald's?
（マクドナルドで待ち合わせをしませんか？）

Point!

[t + t] で前の t が脱落して
get together は「ゲットゥギャザー」。

Can I use a credit card?
（クレジットカードを使えますか？）

Point!

[t + c] の t が脱落し
credit card =「クレディッカー」となります。

発音トレーニング

Am I on the right road to Centennial Park?
（センテニアル公園に行くにはこの道でいいですか？）

Point!

right road の [t + r] は前の t が脱落して
「ライ(ッ)ロード」となります。

Is this the last stop?
（ここが終点ですか？）

Point!

last の t が消えて、「ラーストップ」です。

Watch your step.
（足元に気をつけて）

Point!

文末の [d] [t] [p] [b] [g] [k] は脱落する。
step は「ステッ」となります。

第1章

まずはこれだけ 編

「まずはこれだけは覚えておきたい！」といった
フレーズを覚えましょう。
「英語が聞き取れなくて困った！」
「自己紹介をしたいけどなんて言えばいいんだっけ？」
「時間や場所を聞きたい」など、
旅行中に絶対遭遇するシーンで使うフレーズばかりです。
まずはここから、**旅行を100倍楽しむ**準備を
始めましょう。

UNIT 01 CD1 Track 12
▼
UNIT 12 CD1 Track 23

UNIT 01 自己紹介
～旅は道連れ～

自己紹介

私の名前は田中佳代子です。
カコと呼んでください。はじめまして。
▶ I'm ～.

私はダレン・スミスです。はじめまして。
▶ I'm ～.

海外は初めてですか？
▶ Is this your ～?

2度目です。どちらのご出身ですか？
▶ This is my ～?

私はカナダ出身です。
▶ I'm ～.

お話しできてよかったです。
楽しい日をお過ごしください。
▶ Nice talking ～.

あなたもね。
▶ The same ～.

旅行英会話の**カギ**

機内で隣に座った外国人旅行者や、バスツアーで一緒になった外国人観光客にちょっとした自己紹介ができるようになりましょう。Where are you from? と出身地を聞くことで会話が広がります。最初の挨拶の Nice to meet you.（初めまして）と別れ際の挨拶 Nice meeting you.（お会いできてよかったです）を間違わないように注意しましょう。

CD1 12

I'm Kayoko Tanaka. Please call me Kako. Nice to meet you.

初対面の挨拶は Nice to meet you. 2度目以降の挨拶は Nice to see you. です。

I'm Darren Smith. Nice to meet you, too.

meet you =「ミーチュー」と発音しましょう。

Is this your first time abroad?

[t+t] は前の t が脱落します。first time =「ファースタイム」

This is my second time. Where are you from?

Where do you come from? も「どこのご出身ですか？」と聞くときに使えます。

I'm from Canada.

I come from ～. も同じように「～の出身です」を意味します。

Nice talking to you. Have a nice day.

Nice meeting you. だと「お会いできてよかったです」を意味します。

The same to you.

You, too. でも OK です。Good-bye. は親近感がないです。

UNIT 02 場所を聞く

化粧室はどこ？

化粧室はどこでしょうか？
▶ Where is ～?

化粧品店とブティックの間です。
▶ It's between ～.

両替所はどこ？

一番近い外貨両替所はどこでしょうか？
▶ Where is ～?

その角をちょうど曲がったところです。
▶ It's just ～.

案内所はどこ？

案内所はどこですか？
▶ Where is ～?

2階の出口のそばにあります。
▶ It's near ～.

タクシー乗り場はどこ？

タクシー乗り場はどこですか？
▶ Where is ～?

旅行英会話の**カギ**

　場所を聞くときは **Where is＋名詞？** が一番わかりやすいです。フロアを聞くときは **What floor is＋名詞？** ですが、Where is＋名詞？ で代用できます。「1階」はアメリカ英語では first floor、イギリス英語では ground floor です。「トイレ」はアメリカでは restroom、イギリスでは toilet が使われます。lavatory は公共の場所や飛行機などでよく使われます。

CD1 13

Where is the restroom?

restroom の代わりに lavatory、toilet など状況に応じて入れ換え可能。

It's between a cosmetics store and a boutique.

between A and B は「AとBの間」です。

Where is the nearest foreign currency exchange?

foreign currency exchange は「外貨両替所」です。

It's just around the corner.

「角を曲がったところに」は around the corner です。

Where is the information office?

「案内所」は information office です。

It's near the exit on the second floor.

exit は「出口」です。floor の前には on を付けます。

Where is the taxi stand?

「タクシー乗り場」は taxi stand です。 参考 「新聞の売店」は newspaper stand

第1章　まずはこれだけ編

UNIT 03 英語が聞き取れない

もっとゆっくり話してほしい

もっとゆっくり話してくれませんか？
▶ Could you ～?

空港シャトルバスは2時50分に出ます。
▶ The airport shuttle ～.

もう一度繰り返してほしい

合計14ドルです。
▶ The total ～.

もう一度繰り返してくれませんか？
▶ Could you ～?

書いてほしい

ここに書いてくださいませんか？
▶ Could you please ～?

わかりました。どうもありがとうございます。
▶ I got ～.

どういたしまして。
▶ You're ～.

旅行英会話の**カギ**

聞き取れない場合は、まずは Could you speak more slowly? Could you repeat that? そして、Could you write it down? も言えれば鬼に金棒！ 英語で数字を聞き取るのは難しいです。-ty で終わる単語は前にアクセント、-teen で終わる単語は後ろにアクセントがくることを覚えましょう。例：50の発音は「**フィ**フティー」、15は「フィフ**ティーン**」

CD1 14

▶▶ Could you speak more slowly?
Could you =「クッジュー」と発音します。

▶▶ The airport shuttle bus leaves at 2:50.
50の発音は「**フィ**フティー」、15は「フィフ**ティーン**」です。

▶▶ The total is $14.
14の発音は「フォー**ティーン**」、40は「**フォー**ティー」。

▶▶ Could you repeat that?
I beg your pardon? でも OK です。

▶▶ Could you please write it down here?
Could you 〜? よりも丁寧な形。write it down は「それを書く」。

▶▶ I got it. Thank you very much.
I got it. は相手の言ったことを理解したときのカジュアルな表現。

▶▶ You're welcome.
または It's my pleasure. か Not at all. でも OK。

第1章 まずはこれだけ編

UNIT 04 時間を尋ねる①

飛行機の離陸時刻は?

飛行機は何時に離陸しますか?
▶ What time ～?

午後2時50分に離陸します。
▶ It takes off ～.

列車の出発時刻は?

次の列車は何時に出発しますか?
▶ What time ～?

午後5時15分です。こちらが時刻表です。
▶ At ～.

ツアーの始まる時刻は?

次のツアーは何時に始まりますか?
▶ What time ～?

午後4時30分です。こちらがスケジュールです。
▶ It starts ～.

美術館の開館時刻は?

何時にヨーロッパ美術館は開館しますか?
▶ What time ～?

旅行英会話の**カギ**

What time does + 主語 + 動詞原形？ を身に付けましょう。What time は [t＋t] の前のtが脱落し、What time＝「ワッタイ(ム)」と発音します。13から19までの数字は語尾が **-teen** です。20〜90の **-ty** との違いに気をつけましょう。特に15と50を聞き間違えると待ち合わせ時刻などに遅れてしまいます。

What time does the plane take off?

「離陸する」は take off です。[k＋o] は連結→ take_off＝「テイ**カ**フ」と発音。

It takes off at 2:50 p.m.

50の発音は「**フィ**フティー」。

What time does the next train leave?

[t＋t] は前のtが脱落。what time＝「ワッタイ(ム)」、next train＝「ネキストレィン」

At 5:15 p.m. Here's a timetable.

15の発音は「フィフ**ティーン**」。

What time does the next tour begin?

[t＋t] は前のtが脱落。next tour＝「ネキストァ」

It starts at 4:30 p.m. Here's a schedule.

30の発音は「**サー**ティー」。schedule はイギリス英語では「シェジュー(ゥ)」と発音。

What time does the European Museum open?

European は「ィオロピアン」のように発音する。

UNIT 05 時間を尋ねる②

開く時間・閉まる時間は?

何時に開いて、何時に閉まりますか？
▶ What time ～?

午前10時に開いて、午後8時に閉まります。
▶ We open ～.

営業時間は?

営業時間は何時ですか？
▶ What are ～?

月曜日から金曜日までは
午前11時から午後8時まで営業しております。
▶ We're open ～.

土曜日は午前11時から午後5時までです。
▶ We're open ～.

定休日はいつ?

定休日はいつですか？
▶ What days ～?

定休日は日曜日です。
▶ Our regular holiday ～.

旅行英会話の**カギ**

ヨーロッパやアメリカなどでは土曜日に早く閉店したり、日曜日にお休みだったりするお店が多いです。気に入ったアクセサリーがあったのですが日曜日に行くと閉まっていました。What days are you closed?（定休日はいつですか？）と聞いておくべきだと反省しました。

What time do you open and close?

お店だけでなく、美術館などの施設の時間を聞くときにも使えます。

We open at 10 a.m. and close at 8 p.m.

we は店、施設などいろいろな場所に使えます。

What are your business hours?

「営業時間」は business hours です。

We're open from 11 a.m. to 8 p.m. from Monday to Friday.

「〜から…まで営業する」は be open from 〜 to … です。

We're open from 11 a.m. to 5 p.m. on Saturday.

We're は「ウィァ」と発音。

What days are you closed?

この day は「曜日」を表しています。

Our regular holiday is Sunday.

「定休日」は regular holiday です。

UNIT 06 便利フレーズ
〜座席に関して〜

ここに座っても良い？	すみません。ここに座ってもよろしいですか？
	▶ May I 〜?

すみませんが、この席は使っています。
▶ I'm sorry, but 〜.

席は空いてる？	すみません。この席を使っていますか？
	▶ Is this 〜?

いいえ。どうぞお座りください。
▶ Please 〜.

席をつめてほしい	席を1つつめてくださいませんか？
	▶ Could you please 〜?

母と私は一緒に座りたいのです。
▶ My mother and 〜.

いいですよ。どうぞお座りください。
▶ Sure. Go 〜.

🔑 旅行英会話の**カギ**

お願いする場合や許可を得る場合は Excuse me. をつけましょう。旅行先で疲れたらどこか席を探して座りたくなるものですね。May I sit here? は言えますか？席は空いているけど、誰かがいそうなときには Is this seat taken? と、口からスムーズに出てくるようにしましょう。

CD1 17

▶▶ Excuse me. May I sit here?

💡 お願いするとき、許可を得るときには Excuse me. をつけたほうがベター。

▶▶ I'm sorry, but this seat is taken.

💡 take this seat で「この席に腰かける」を意味する。

▶▶ Excuse me. Is this seat taken?

💡 [t + t] は前の t が脱落。seat taken =「スィー(ト)テイクン」と発音。

▶▶ No. Please have a seat.

💡 sit down や be seated は高圧的なので使わないように。

▶▶ Could you please move over one seat?

💡 「席を 1 つつめる」は move over one seat です。

▶▶ My mother and I'd like to sit together.

💡 sit together は「一緒に座る」を意味します。

▶▶ Sure. Go ahead.

💡 Go ahead. は許可を求める答えに対して「どうぞ」を表す。

第1章 まずはこれだけ編

UNIT 07 便利フレーズ
～列に関して～

何の列？

わあ！ 長い列だ。これは何の列ですか？
▶ It's a ～.

お店がオープンするのを待っているんですよ。
▶ We're ～.

列の一番最後？

あなたはこの列の最後尾ですか？
▶ Are you ～?

はい。あなたは1時間並んで待たなければなりません。
▶ You'll have to ～.

まあ！ いつもこんなに長い列なんですか？
▶ Is there ～?

はい。だけど今日は列は早く動いていますよ。
▶ the line ～.

場所を取っておいて

数分だけ、この場所を取っておいてくれますか？
▶ Can you ～?

旅行英会話の**カギ**

長い列があると、何の列だか知りたくなりますね。そんな時は What's this line for? と聞きましょう。公共の場で長い列に並ぶとき、どれが最後尾かな？と迷うことがあります。そんな時は Are you at the end of the line? と聞きましょう。「列」はアメリカ英語では line、イギリス英語では queue です。

CD1 18

▶▶ **Wow! It's a long line. What's this line for?**

What's this ～ for? は応用可。 例 What's this switch for?

▶▶ **We're waiting for the shop to open.**

wait for + 名詞 + to 不定詞は応用可。 例 I'm waiting for the show to begin.

▶▶ **Are you at the end of the line?**

be at the end of the line は「列の最後尾にいる」。

▶▶ **Yes. You'll have to wait in line for one hour.**

「並んで待つ」は wait in line です。

▶▶ **Wow! Is there always a long line?**

Wow! は、驚きや喜びを表す場合に使います。

▶▶ **Yes, but the line is moving fast today.**

「早く動く」は move fast です。

▶▶ **Can you save my place for just a few minutes?**

save one's place は「場所を取っておく」。列だけでなく席にも使える。

第1章 まずはこれだけ編

UNIT 08 写真撮影①

写真を撮ってもいい?

ここで写真撮影をしてもいいですか？
▶ Can I ~?

ここでの写真撮影はご遠慮ください。
▶ Please refrain ~.

指定された場所でのみ
お写真をお撮りいただけます。
▶ You can ~.

フラッシュをたいてもいい?

フラッシュをたいてもいいですか？
▶ Can I ~?

写真撮影はしていただけますが、
フラッシュはたかないでください。
▶ You can ~.

一緒に写真が撮りたい

あなたと一緒にここで
お写真を撮らせていただいてもよろしいですか？
▶ May I ~?

もちろん、喜んで。だけど逆光になりますが。
▶ Sure, ~.

旅行英会話の**カギ**

　海外旅行では写真撮影は楽しみの一つです。美術館など写真が禁止されている場所もあるので、Can I take a picture here? と許可を求めましょう。ここでは、許可を求める英語「Can I +動詞原形?」「May I +動詞原形?」を覚えましょう。May I ～? の方が丁寧です。

CD1 19

Can I take a picture here?

Can I は「キャナイ」と発音。take a picture は「写真を撮る」です。

Please refrain from taking pictures here.

「～を遠慮する」は refrain from ～ です。

You can take a picture only in the designated area.

designated area は「指定された場所」です。

Can I use a flash here?

「フラッシュをたく」は use a flash です。

You can take a picture, but please don't use a flash.

You can ～. で「～を許可する」を表現します。

May I take a picture with you here?

May I ～? は Can I ～? より丁寧です。

Sure, my pleasure. The sun will be behind you, though.

my pleasure は It's my pleasure. の省略形です。

第1章　まずはこれだけ編

UNIT 09 写真撮影②

写真を撮ってほしい

すみません、私たちの写真を撮っていただけませんか？
▶ could you ～?

いいですよ。このカメラはどのように使えばいいのですか？
▶ How do ～?

このボタンを押すだけです。
▶ Just press ～.

どこで撮りたいですか？
▶ Where do you ～?

背景に入れてほしい

写真にゴールデンゲートブリッジを入れていただけませんか？
▶ Would you please ～?

わかりました。もう少し右に動いてください。いいですか？「チーズ」と言ってください。
▶ Please move ～.

どうもありがとうございます。もう1枚撮っていただけませんか？
▶ Could you ～?

旅行英会話の**カギ**

丁寧な依頼表現、Could you (please) 〜? Would you (please) 〜? を身に付けましょう。写真撮影の依頼の定番表現 Could you please take our picture? を使いましょう。撮影してくれた相手に Shall I take your picture?（写真を撮りましょうか？）と申し出るのも親切です。カメラを持ち逃げされた話も聞きますので、依頼相手は慎重に選びましょう。

CD1 20

Excuse me, could you take our picture, please?

Could you 〜, please? は丁寧な依頼表現です。

Sure. How do I use this camera?

How do I 〜？の〜の部分を入れ換え応用自由自在。

Just press this button.

「Just + 動詞の原形」で「〜するだけ」。

Where do you want to have your picture taken?

「have + 物 + 動詞の過去分詞」は「物を〜してもらう」を意味する。

Would you please include the Golden Gate Bridge in the picture?

include は「入れる、含める」を意味する。

OK. Please move a little to the right. Ready? Say "cheese".

Say "cheese". は「笑ってください」の定番。

Thank you very much. Could you take one more picture, please?

第1章 まずはこれだけ編

UNIT 10 レジでのお会計

おつりが足らない

全部で86ドルです。現金にされますか、それともカードになさいますか？
▶ The total ~.

現金でお願いします。100ドルです。
▶ Cash, ~.

おつりが足らないと思います。
2ドル足りません。
▶ I think ~.

現金とカードを使いたい

マスターカードは使えますか？
▶ Do you take ~?

はい。カードをいただけますか？
▶ May I ~?

こちらです。30ドルを現金で、残りをカードで支払えますか？
▶ Can I ~?

日本円は使える?

日本円は使えますか？
▶ Can I ~?

旅行英会話の**カギ**

現金で支払い、おつりが足らない場合は I'm $ ~ short.（~ドル足りません）のフレーズを使いましょう。これさえ覚えていれば $ を置き換えることで様々な通貨のおつり不足を表現できます。また、旅行先では両替した通貨は使い切りたいものです。そんな場合は Can I pay $ ~ in cash and the rest by card? の $ を入れ換えて使いましょう。

CD1 21

▶▶ **The total comes to $86. Will that be cash or charge?**

💬 The total is ~ でも OK です。charge は「カード」のこと。

▶▶ **Cash, please. Here's $100.**

💬「名詞, + please.」はとても便利。 例 Coffee, please.

▶▶ **I think I've been shortchanged. I'm $2 short.**

💬「おつりが足らない」は be shortchanged です。

▶▶ **Do you take MasterCard ?**

💬 Do you accept MasterCard? でも OK。

▶▶ **Yes. May I have your card, please?**

💬 May I ~? は丁寧に許可を求める表現。

▶▶ **Here you are. Can I pay $30 in cash and the rest by card?**

💬 the rest は「残り」です。in cash は「現金で」。

▶▶ **Can I use Japanese yen?**

💬 We don't accept Japanese yen. と断られることもあります。

UNIT 11 店での両替

1ドル札を10枚に		1ドル札を10枚にしてください。 ▶ Ten ones, ~.
		かしこまりました。 ▶ Certainly, ~.
10ドル札を10枚に		10ドル（ポンド）札を10枚にしてください。 ▶ Ten tens, ~.
		わかりました。10ドル（ポンド）が10枚です。 ▶ Here are ~.
小銭・ユーロに両替してほしい		これを小銭に替えてくださいませんか？ ▶ Could you give me ~?
		これをユーロに両替してくださいませんか？ ▶ Could you change ~?
		申し訳ございませんが、両替所に行ってくださいませんか？ ▶ could you please ~?

旅行英会話の**カギ**

ホテルや買い物をしたお店などで両替をしてくれることもあります。10ドル札は ten、20ドル札は twenty と呼び、2枚以上は複数で言うので聞き取りに注意しましょう。例：20ドル札を2枚 = Two twenties

CD1 22

Ten ones, please.
お札の枚数と金額を並べて言いましょう。金額には s を付けます。

Certainly, sir.
男性に sir、女性に madam（イギリス英語）、ma'am（アメリカ英語）を付けると丁寧。

Ten tens, please.
「枚数＋札の種類（金額）, please.」の形です。

Sure. Here are ten tens.
お札が10枚なので ten、金額は10ドル（ポンド）なので tens の s が必要です。

Could you give me change for this, please?
「小銭」は change です。

Could you change this into euros?
change A into B は「AをBに両替する」。

I'm sorry, but could you please go to the foreign currency exchange?

第1章 まずはこれだけ編

UNIT 12 両替所での両替

1ドルいくら?

すみません、今日の為替レートはいくらですか？
▶ what's today's ～?

1ドル120円です。
▶ It's ～.

両替の金額は?

いくら両替なさいますか？
▶ How much ～?

3万5千円を米ドルに交換したいのですが。
▶ I'd like to change ～.

両替の内訳は?

内訳はどのようにいたしましょうか？
▶ How ～?

100ドル紙幣を1枚、20ドルを5枚、10ドルを5枚、残りは1ドル紙幣でお願いします。
▶ One $100 bill, ～.

それから、小銭も少しほしいです。
▶ I'd like ～.

旅行英会話の**カギ**

通貨を両替する場合の言い方は決まっています。**I'd like to change ~ yen into … dollars.**（~円を…ドルに替えてほしいです）が基本です。これさえ覚えていれば yen や dollars を置き換えることで様々な通貨の両替ができます。「紙幣」はアメリカ英語では bill、イギリス英語では note です。

CD1 23

Excuse me, what's today's exchange rate?

「為替レート」は exchange rate です。

It's 120 yen to the dollar.

「It's ~ yen to the + 貨幣単位」の貨幣単位を pound や euro などに入れ換え可。

How much would you like to change?

would you like to ~? は do you want to ~? の丁寧な形です。

I'd like to change 35,000 yen into U.S. dollars.

change A into B（AをBに両替する）の形で覚えよう。

How would you like it?

紙幣の内訳を聞く場合の基本フレーズです。

One $100 bill, five $20 bills, five $10 bills, and the rest in one dollar bills, please.

bills を省略して One hundred, five twenties, five tens. とも言います。

And I'd like some small change.

I'd like は I want の丁寧な表現。small change（小銭）は不可算名詞です。

第1章 まずはこれだけ編

数字とお金

❶ 数字は3ケタで繰り上がる

数字には3ケタごとにコンマが入り、その区切りで読みます。

1千 ＝ 1,000 ＝ one thousand
1万 ＝ 10,000 ＝ ten thousand
10万 ＝ 100,000 ＝ one hundred thousand

❷ お金の読み方

お金の読み方はひとつではないですが、下のような読み方が代表的です。

＄8.50　(eight dollars and fifty cents)
£9.45　(nine pounds forty-five pence)
€50.36　(fifty euros and thirty-six cents)
＄501.15　(five hundred one dollars and fifteen cents)

❸ チップの金額

欧米ではサービスに対する感謝の気持ちとしてチップを渡すのがエチケットで、チップは収入の一部です。チップ金額の目安を覚えてスマートに渡しましょう。オーストラリアやニュージーランドではチップは不要です。

●レストラン

アメリカでは料金の15％程度。ヨーロッパでは10～15％程度。
勘定書(billまたはcheck)にサービス料としてチップが含まれている場合があります。二重払いにならないようにしっかり確認しましょう。
1ドル札や1ユーロ、1ポンドをチップ用に用意しましょう。コインはダメというわけではないですが、1ドル札の方がスマートです。

●タクシー

タクシー運賃(taxi fare)の10％～15％を降車時に渡します。

●ポーター(porter)

荷物1個につき、1ドル

●コンシェルジュ(concierge)

レストランやチケットの予約などで、2ドル程度

第2章

機内・空港 編

海外旅行で始めて英語を使うのは機内だったり、
向こうの空港だったり…
ということが多いですね。
さりげなくきちんとした英語を話して、
楽しい海外旅行を
スタートさせましょう！

UNIT **13** CD1 **Track 24**
▼
UNIT **25** CD1 **Track 36**

UNIT 13 空港 〜チェックイン①〜

窓側の席がいい

搭乗手続きをしたいです。私のチケット、パスポート、マイレージカードです。
▶ I'd like to 〜.

ありがとうございます。
通路側と窓側の席のどちらがよろしいですか？
▶ Would you like 〜?

窓側の席をお願いします。
▶ A window 〜.

翼から離れた席をお願いします。
▶ I'd like 〜.

スーツケースを預ける

お取りできました。
いくつスーツケースをお預けになりますか？
▶ How many suitcases 〜?

このスーツケースを預けます。
そしてこれは機内持ち込みのバッグです。
▶ I'm checking in 〜.

この手荷物引換券をお持ちください。
▶ Please keep 〜.

🖊 旅行英会話の**カギ**

海外の空港で英語は必要ですね。check in には「手続きをする」と「荷物を預ける」の意味があります。特急列車などに乗る際も Can I check in my suitcase?（スーツケースを預けられますか？）と聞くことができます。窓際の席が取れても翼が真横にある場合、景色が見られませんね。I'd like a seat away from the wing. とリクエストしてみましょう。

CD1 24

▶▶ **I'd like to** check in. Here are my ticket, passport and mileage card.

　　check in =「チェッキン」と発音。Here are ~. は相手に何かを見せる場合の表現。

▶▶ Thank you. **Would you like** an aisle seat or a window seat?

　　「通路席」は aisle seat です。aisle seat は乗り物だけでなく劇場にも使います。

▶▶ **A window** seat, please.

　　「名詞, + please.」は依頼する場合の便利な表現。

▶▶ **I'd like** a seat away from the wing.

　　I'd like は I want の丁寧な形です。「〜から離れた」は away from 〜です。

▶▶ No problem. **How many suitcases** are you checking in?

　　problem を program と間違えて発音しないように。

▶▶ **I'm checking in** this suitcase, and this is my carry-on bag.

　　「預ける」は check in、「機内持ち込みバッグ」は carry-on bag です。

▶▶ OK. **Please keep** this baggage claim tag.

　　「手荷物引換券」は baggage claim tag です。

UNIT 14 空港 〜チェックイン②〜

荷物重量が超過した

スーツケースは自分で荷造りをしましたか？
▶ Did you pack 〜?

はい。自分で荷造りしました。
▶ I packed 〜.

スーツケースが重量超過しています。
2ポンド重いです。
▶ Your suitcase is 〜.

30ドル請求させていただきます。
▶ We have to 〜.

そうなんですか？ 2ポンド分出して
持ち込み用のカバンに入れてもいいですか？
▶ Can I 〜?

搭乗の時間と場所は？

何時に搭乗が始まりますか？
▶ What time 〜?

搭乗ゲート81はどこですか？
▶ Where is 〜?

旅行英会話の**カギ**

他の人が荷造りをしたスーツケースだと本人の知らない危険物が入っている可能性があるので、自分で荷造りしたかどうか聞かれることがあります。I packed it by myself.（自分で荷造りをしました）とはっきり言いましょう。検査が厳しい国ではスーツケースに鍵をかけてはいけない国もあるので、注意しましょう。

Did you pack your suitcase by yourself?
by yourself（あなた自身で）をつけて強調する。

Yes. I packed it by myself.
by myself（自分自身で）をつけて強調する。

Your suitcase is overweight. It's two pounds overweight.
「重量超過する」は be overweight です。

We have to charge $30 for that.
「～に … $ 請求する」は charge $ … for ～ です。

Oh, really? Can I take two pounds out of my suitcase and put it in my carry-on bag?
「持ち出す」は take out です。

What time does boarding start?
「搭乗」は boarding です。

Where is boarding gate 81?
「搭乗ゲート」は boarding gate です。

UNIT 15 機内 ①

私の席は？

私の席はどこでしょうか？
搭乗券には48Cと書かれています。
▶ Where is 〜?

お席はこの通路の先の右側です。
▶ Your seat 〜.

自分の席に人がいる

すみませんが、あなたは私の席にお座りだと思います。
▶ Excuse me, but 〜.

確認させてください。
搭乗券には50Hと書かれています。
▶ My boarding pass says 〜.

あら、まあ！ この席は51Hですね！
本当にすみません。カバンを移動させますね。
▶ This seat is 〜.

席が離れている

4人グループですが、
席が離れ離れになっています。
▶ We're a group of 〜.

後ろの空いてる席へ移っていただけます。
▶ You can move to 〜.

旅行英会話の**カギ**

機内では「呼び止める」「お願いする」「尋ねる」フレーズが大切です。ここでは My boarding pass says ～.（私の搭乗券には～と書かれています）を覚えましょう。席を探すフレーズは、機内だけでなく、boarding pass を ticket に入れ換えて劇場や映画館などでも使えて便利です。

CD1 26

Where is my seat? My boarding pass says 48C.

Where is seat 48C? でも OK です。say は「書かれている」を意味します。

Your seat is down this aisle, on your right.

on one's right は「～の右側」です。

Excuse me, but I think you're in my seat.

You're in my seat. は You're sitting in my seat. の省略形。

Let me check. My boarding pass says 50H.

[t + m] は前の t が脱落。let me は「レッミー」がネイティブ発音です。

Oh, no! This seat is 51H! I'm really sorry, I'll move my baggage.

baggage は bag の集合名詞で不可算。発音は「バゲジ」。

We're a group of four, but our seats are separated.

「離れている」は be separated です。

You can move to the empty seats in the back.

「空いてる席」は empty seat、「後ろの」は in the back です。

第2章 機内・空港編

UNIT 16 機内②

前を通りたい

すみません。前を通ってもよろしいでしょうか？
▶ May I ~?

いいですよ。どうぞ。
▶ Go ~.

ありがとう。ご迷惑をおかけしてすみません。
▶ Sorry to ~.

イスを倒してもいい？

イスを倒してもよろしいですか？
▶ Can I ~?

いいですよ。倒してください。
▶ Please ~.

もう一つほしい

毛布をもう一枚もらえますか？
▶ Can I ~?

はい、すぐにお持ちいたします。
▶ I'll bring ~.

🖋 旅行英会話の**カギ**

> 何か許可を求める時は May I ～? Can I ～? Could I ～? で OK です。相手に迷惑をかけた場合 Thank you. に加えて Sorry to bother you. と一言付け加えると良いでしょう。窓際の席の人は席を立つ際に May I get through?（前を通ってもよろしいでしょうか？）と隣の人に声をかけるのがエチケットです。人の前を通るいろいろな場面で使えます。

CD1 27

Excuse me. May I get through?

get through ～は「～を通る」。[t＋t] は前の t が脱落し、「ゲッスルー」。

OK. Go ahead.

Go ahead. は、許可を求める答えに対して「どうぞ」を意味する。

Thanks. Sorry to bother you.

I'm sorry to bother you. はさらに丁寧です。

Can I recline my seat?

recline は「倒す」。Can I put my seat back? でも OK。

Yes. Please do.

断る場合は、I'm sorry, I'd rather you didn't. などです。

Can I have an extra blanket?

blanket（毛布）を pillow（枕）などに置き換え自由自在です。

Sure, I'll bring you one right away.

I'll ～は「これから～します」と思いついた場合に使います。bring は「持ってくる」。

第2章 機内・空港編

UNIT 17 機内 ③

〜は ある？

日本の新聞はありますか？
▶ Do you have 〜?

はい。朝日新聞と日経新聞が
キャビンの後ろのラックにございます。
▶ we 〜.

飛行機の酔い止め薬はありますか？
▶ Do you have 〜?

〜が ほしい

ヘッドフォンをもらえませんか？
▶ Can I have 〜?

はい。こちらでございます。5ドルです。
▶ Here 〜.

ヘッドフォンにも支払わなければ
ならないのですか？
▶ Do I have 〜?

はい。弊社の方針でございます。
▶ it's 〜.

旅行英会話の**カギ**

「〜がありますか？」を英語に訳すと日本人は Is there 〜? や Are there 〜? を使う傾向にあります。英語では Do you have 〜? を使った方が自然です。最近ではヘッドフォン (headset) や機内食 (meal service) も有料の航空会社があります。

CD1 28

Do you have any Japanese newspapers?
newspaper は可算名詞です。

Yes, we have the Asahi and the Nikkei on the rack at the back of cabin.
at the back of 〜は「〜の後ろに」です。

Do you have medicine for airsickness?
「飛行機酔い」は airsickness、「船酔い」は seasickness です。

Can I have a headset?
機内では headset の方が a pair of headphones より使用頻度が高いです。

Sure. Here you are. That's $5.
Here you go. だと少しカジュアルになります。

Do I have to pay for a headset?
pay for 〜は「〜の代金を支払う」。

Yes, it's our company policy.
It's our 〜 policy. はお断りの理由を説明する便利な表現。 **例** It's our store policy.

第2章 機内・空港編

UNIT 18 機内④

飲み物を注文する

お飲み物はいかがですか？
▶ Would you like ～?

何がありますか？
▶ What do ～?

コーヒー、紅茶、オレンジジュース、コーラ、ビールとワインがございます。
▶ We have ～.

氷抜きでお水をいただけますか？
▶ Can I have ～?

座席を元の位置に戻す

お座席を元の位置に戻していただけませんか？
▶ Could you please ～?

あっ、はい。ありがとう。
▶ Oh, ～.

トレーテーブルを降ろしてくださいませんか？
▶ Could you please ～?

旅行英会話の**カギ**

機内ではCAがドリンクや食事、新聞雑誌の希望を尋ねてきます。What do you have?（何がありますか？）と聞きましょう。レストランでもよく使うフレーズです。何があるかわかれば選択の幅が広がりますね。丁寧な依頼表現 Could you please ～? も使えるといいです。ここではCAが使っています。

CD1 29

Would you like something to drink?
Would you like ～? は「ウッジュー」と発音。Do you want ～? の丁寧な形です。

What do you have?
What kind of drinks do you have? は、もっと丁寧です。

We have coffee, tea, orange juice, Coke, beer and wine.
coke は「コゥク」と発音します。

Can I have some water without ice?
「氷抜きの水」は water without ice です。

Could you please return your seat to the upright position?
return your seat to the upright position の代わりに put your seat up でもOK。

Oh, OK. Thank you.
th の音は軽く舌をかんで発音しましょう。

Could you please put down your tray table?
「降ろす」は put down です。

UNIT 19 機内 ⑤

機内食を選択する

チキンかビーフ、どちらになさいますか？
▶ Would you like ~?

チキンがおいしそうですね。チキンをお願いします。母にも同じものをお願いします。
▶ The chicken looks ~.

赤ワインをいただけますか？
▶ Can I ~?

食事のときは起こしてほしい

食事のときは起こしてください。
▶ Please ~.

まもなくミールサービスを始めますが。
▶ We'll ~.

トレーを片付けてほしい

トレーを下げていただけますか？
▶ Could you ~?

かしこまりました。
▶ Certainly, ~.

旅行英会話のカギ

機内食は食欲のない時は、Can I have the meal later?（食事は後でいただけますか?）、仮眠する場合などは Please wake me up for the meal.（食事には起こしてください）、Please don't bother me for meals.（食事に起こさないでください）とお願いできます。注文する時は The same for + 人 .（〜にも同じものをお願いします）とかっこよく決めましょう。

CD1 30

Would you like chicken or beef?

肉が食べられない場合は vegetarian meal の指定も可能です。

The chicken looks good. Chicken, please. The same for my mother.

〜 look(s) good（〜がおいしそうです）は 〜の部分を入れ換え応用可能。

Can I have some red wine, please?

Some red wine, please. も、カジュアルな言い方になりますが OK です。

Please wake me up for the meal.

wake me up は「私を起こす」です。

We'll begin the meal service soon.

語尾に l がある場合は日本語の「ウ」に近い音、meal は「ミーゥ」がネイティブ発音。

Could you take this tray away?

レストランでお皿を下げてほしい場合は Could you take this plate away?

Certainly, sir.

少しカジュアルですが Sure. も OK です。

第2章 機内・空港編

UNIT 20 機内⑥

時間通りに到着する?

ホノルルには時間通りに到着しますか？
▶ Are we ～?

30分ほど早く到着します。
▶ We're ～.

現地時刻は?

現地時刻に時計を合わせたいです。
▶ I'd like to ～.

ホノルルの現地時刻は何時ですか？
▶ What's the local ～?

トランジットする

トランジットパスをどうぞ。
▶ Here's ～.

乗り継ぎ時間はどれくらいありますか？
次のフライトをどこで待てばいいですか？
▶ How long ～?

約1時間です。搭乗口近くの待合室で
お待ちいただけますか？
▶ Could you wait ～?

旅行英会話の**カギ**

旅行中は時間が大切です。on time は「時間通りに」、ahead of schedule は「スケジュールより早く」、behind schedule は「スケジュールより遅れて」を覚えましょう。また、どこを飛んでいるのかを聞きたいときは Where are we now? と聞きましょう。

CD1 31

Are we going to arrive in Honolulu on time?
「時間通りに」は on time です。

We're 30 minutes ahead of schedule.
ahead of schedule は「スケジュールより早く」を意味します。

I'd like to set my watch to local time.
「現地時刻に時計を合わせる」は set one's watch to local time です。

What's the local time in Honolulu?
l は舌の先を上の歯の裏側につけて発音。語尾にも l がある local は「ロウクゥ」。

Here's your transit pass.
「Here's + 単数名詞」「Here are + 複数名詞」で相手に見せる、差し出す表現。

How long is the layover? Where should we wait for the next flight?
「乗り継ぎ時間」は layover です。

About one hour. Could you wait in the waiting room near the boarding gate?

UNIT 21 飛行機の遅延

待ち時間は？

シカゴ行きの飛行機をどれくらい待たなければいけませんか？
▶ How long do 〜?

接続便があります。接続便に遅れたくないです。
▶ I have a connecting 〜.

情報が更新されるのを待っております。
▶ I'm waiting for 〜.

遅延の原因は？

飛行機はなぜ遅れているのですか？
▶ Why has 〜?

機械の問題のため、遅れております。
▶ It's been delayed 〜.

更新情報をただ今、受け取りました。
▶ I received 〜.

EA345便にてアップグレードされたビジネスクラスの座席をお取りいただけます。
▶ You can have 〜.

旅行英会話の**カギ**

飛行機の出発が遅れることにより、connecting flight（接続便）に間に合わなくなることがあります。航空会社に待ち時間や理由、対処方法を聞きたいですね。How long do I have to wait for 〜?（〜をどれくらい待たなければいけませんか？）を身に付けましょう。

CD1 32

▶▶ **How long do** I have to wait for the plane for Chicago?

　plane for 〜は「〜行きの飛行機」です。

▶▶ **I have a connecting** flight. I don't want to miss my connecting flight.

　「接続便」は connecting flight です。

▶▶ **I'm waiting for** an information update.

　「更新情報」は information update です。

▶▶ **Why has** the plane been delayed?

　「遅れる」は be delayed です。

▶▶ **It's been delayed** due to a mechanical problem.

　due to 〜の〜の部分に理由を入れます。

▶▶ **I received** an information update just now.

　「更新情報」は information update です。

▶▶ **You can have** an upgrade to a business class seat on Flight EA345.

UNIT 22 入国審査

訪問の目的を答える

パスポート、入国カード、それに帰りの航空券を見せていただけますか？
▶ May I see 〜?

訪問の目的は何ですか？
▶ What's 〜?

こちらには観光で来ました。
▶ I'm here to 〜.

滞在場所を答える

アメリカではどちらに滞在されますか？
▶ What address 〜?

ヒントンホテルに滞在する予定です。
▶ I'm staying at 〜.

仕事を答える

お仕事は何をされていますか？
▶ What line of work 〜?

私は経理担当者です。商社で働いています。
▶ I'm 〜.

🔑 旅行英会話の**カギ**

「入国審査」は immigration clearance と呼ばれます。基本的には①滞在目的 ②滞在場所 ③滞在期間が問われます。How long are you going to stay in this country? と聞かれたら、例えば Six days. と答えれば OK。I'm here to do sightseeing. など I'm here to ～の～に動詞を入れ換えて応用できます。I'm here to make a reservation.（予約しに来ました）

CD1 33

May I see your passport, immigration card and a return ticket?

「帰りの航空券＝ return ticket」の所持を聞かれることがあります。

What's the purpose of your visit?

What's the purpose of ～の～の部分は入れ換え自由自在。

I'm here to do sightseeing.

簡単に Sightseeing. だけでも OK。「観光する」は do sightseeing です。

What address are you staying at in the U.S.?

Where are you going to stay? と同じです。

I'm staying at the Hinton Hotel.

近い未来は現在進行形。「友達の家に滞在する」は stay at my friend's house。

What line of work are you in?

What's your occupation? も同じ意味。line of work は「職種」です。

I'm an accountant. I work for a trading company.

自己紹介でも役立つ応答例です。

第2章 機内・空港編

UNIT 23 空港 〜荷物関係①〜

ターンテーブルはどれ?

AJA05便のターンテーブルはどれですか？
▶ Which is 〜?

右から2番目です。
▶ It's 〜.

スーツケースがない

私のスーツケースが見つかりません。
ターンテーブルから出てこないです。
▶ My suitcase 〜.

手荷物引換券の番号はありますか？
▶ Do you 〜?

これが私の手荷物引換券です。
▶ Here's 〜.

あなたの手荷物引換券の番号を
コンピュータに入力させてください。
▶ Let me 〜.

あなたのスーツケースは次の便で到着します。
ここで1時間待ちますか？
▶ Your suitcase 〜.

旅行英会話の**カギ**

入国審査を終えたら今度は預けた荷物をピックアップしましょう。「〜がない」は「〜 is missing.」と言います。〜の名詞を入れ換えて自由自在に使えます。My driver's license is missing.（運転免許証が見つかりません）など。手荷物引換券（baggage claim tag）は check-in counter で航空券にホッチキスで添付されますが、なくさないように気をつけましょう。

CD1 34

Which is the carousel for Flight AJA05?

「ターンテーブル」は carousel です。「ターンテーブル」は和製英語です。

It's the second one from the right.

It's the 数詞 + one from the (right / left / top / bottom). など応用可能。

My suitcase is missing. It hasn't appeared on the carousel.

〜 is missing は「〜がない」です。

Do you have your baggage claim tag number?

「手荷物引換券」は baggage claim tag です。

Here's my baggage claim tag.

この claim は「苦情」ではなく、「自分の所有物としての要求」の意味です。

Let me type in your baggage claim number into the computer.

「入力する」は type in です。

Your suitcase will be on the next flight. Can you wait here for one hour?

UNIT 24 空港 〜荷物関係②〜

連絡してほしい

あなたのスーツケースはまだ見つかりません。
▶ I haven't 〜.

連絡先の住所と電話番号を書いていただけますか？
▶ Could you please 〜?

これがホテルの住所と電話番号と携帯電話の番号です。
▶ Here's 〜.

スーツケースが見つかったら、すぐに私のところに電話をしてください。
▶ Please call me at 〜.

あなたのホテルにスーツケースを配達してもらいます。
▶ We'll have 〜.

見つからない場合は?

スーツケースが永久に見つからない場合はどうすればいいですか？
▶ What if 〜?

あなたは被害届を出さなければなりません。航空会社が責任を負います。
▶ You'll have to 〜.

旅行英会話の**カギ**

「What if 主語＋動詞」の構文を覚えるととても便利です。What if it rains?（雨が降ったらどうしますか？）、What if the flight is canceled?（飛行機がキャンセルになったらどうしますか？）なども言えるようにしておきましょう。

CD1 35

I haven't located your suitcase yet.

locate は「見つける」です。

Could you please write down your contact address and phone number?

「連絡先の住所」は contact address です。

Here's my hotel address, phone number and my mobile phone number.

「携帯電話」は mobile phone、または cell phone です。

Please call me at this number as soon as my suitcase is found.

call me at this number は「この番号に電話をする」です。

We'll have your suitcase delivered to your hotel.

「have ＋ 目的語 ＋ 過去分詞」は「目的語を〜してもらう」です。

What if my suitcase is lost permanently?

「What ＋ if ＋ 主語 ＋ 動詞」の形です。「永久に」は permanently です。

You'll have to file a claim. The airline company will be liable for it.

file a claim は「被害届を出す」です。

第2章 機内・空港編

UNIT 25 税関

申告する物はない

税関の標識に従って歩いてください。
▶ Please follow ~.

申告する物はありますか？
▶ Do you have ~?

申告する物はありません。
▶ I have nothing ~.

スーツケースの中身を説明する

スーツケースを開けてください。
中には何が入っていますか？
▶ Please open ~.

私の身の回りの物だけです。
▶ Just ~.

そして、これは友達へのプレゼントです。
▶ this is ~.

この爪切りは没収しなければなりません。
禁止されています。
▶ We have to confiscate ~.

旅行英会話の**カギ**

海外旅行に行く前には税関にひっかかる物のリストをチェックしましょう。小さな爪切りでも没収されます。Please follow the signs.（標識に向かって進んでください）は道案内でも使われるので身に付けましょう。What's in it?（中には何が入っていますか？）はカバンの中身だけでなく、料理の食材を聞く場合にも使えて応用範囲が広いです。

CD1 36

Please follow the "Customs" sign.
「税関」は customs です。s を付け忘れないように。

Do you have anything to declare?
「申告する」は declare です。

I have nothing to declare.
th の発音は舌の先を軽く噛んで「スッ」と息を出します。

Please open your suitcase. What's in it?
文末の t は脱落し、What's in it? は「ワッイニッ(ト)」と聞こえます。

Just my personal belongings.
「身の回り品」は personal belongings です。

And this is a present for a friend.
文末の d は脱落し、friend は「フレン(ド)」と発音します。

We have to confiscate this nail clipper. It's prohibited.
「没収する」は confiscate、「禁止される」は be prohibited です。

第2章 機内・空港編

機内・空港の単語

離陸	take-off
着陸	landing
荷物棚	overhead bin
窓の日よけ	window shade
シートベルトを締める	fasten one's seat belt
化粧室	lavatory
使用中	occupied
空き	vacant
乱気流	turbulence
確かめる	locate
非常口	emergency exit
ふくらます	inflate
安全ベスト	safety vest
救命胴衣	life jacket
酸素マスク	oxygen mask
息を吸い込む	breathe in
電気器具	electrical device
飛行機酔いの袋	airsickness bag
ゲートに進む	proceed to the gate
出発時刻	departure time
到着時刻	arrival time
最終目的地	final destination
免税品店	duty-free shop
荷物受取カウンター	baggage claim counter
手荷物事故証明書	PIR (Property Irregularity Report)
取り込む	scan
指紋	fingerprint
人差し指	index finger
検疫	quarantine
入国管理	immigration
入国カード	immigration card
非住居者	non-resident

第**3**章

ホテル編

ホテルで快適に過ごせるかどうかで、
旅行の充実度が何倍も変わってしまいます。
予約やチェックインに関する基本的なフレーズはもちろん、
「エアコンが動かない」
「お湯が出ない」などの
トラブルに対応するためのフレーズも
覚えておきましょう。

UNIT 26 CD1 Track 37
▼
UNIT 35 CD1 Track 46

UNIT 26 部屋の予約

部屋を予約したい

4月3日から3泊予約したいのですが。
▶ I'd like to ~.

バス付きのシングルの部屋はありますか？
▶ Do you have ~?

申し訳ございませんが、バス付きのシングルの部屋は満室です。
▶ We're sorry, but ~.

宿泊料金は？

シャワー付きのシングルの部屋が1室のみ空いております。
▶ Only one room ~.

宿泊料金はおいくらですか？
▶ What's ~?

朝食付きで一泊70ドルです。
▶ It's ~.

その部屋にします。私の名前は北亜子です。夜の9時頃に着きます。
▶ I'll ~.

🛫 旅行英会話の**カギ**

Do you have a ～ room with …. の～に twin、double、…に bath、shower、nice view、ocean view、mountain view を入れても使えます。
I'd like to make a reservation for ～ nights from + 日にち の～の部分をはっきり言いましょう。夜遅くの到着になる場合は必ず、I'll check in around + 時刻, please keep my reservation. と確認しましょう。

CD1 37

I'd like to make a reservation for three nights from April 3rd.

💡 make a reservation for ～ nights from …の～と…の入れ換えは自由自在です。

Do you have a single room with a bath?

💡 th は舌の先を軽く噛んで発音。bath と bus の発音間違いに注意。

We're sorry, but all single rooms with a bath are fully booked.

💡 「満室」は be fully booked です。

Only one room with a shower is available.

💡 available は「空いている、利用できる」です。

What's the room rate?

💡 「宿泊料金」は room rate です。

It's $70 per night including breakfast.

💡 per night は「一泊につき」。 per hour は「1時間につき」。

I'll take it. My name is Ako Kita. I'll arrive there about 9 p.m.

第3章 ホテル編

UNIT 27 チェックイン ①

チェックインする

- チェックインしたいのですが。
  今井美智子といいます。
  ▶ I'd like to 〜.

- 本日予約しています。
  オンラインで予約しました。
  ▶ I have a reservation 〜.

確認書を見せる

- こちらが確認書です。
  ▶ Here's 〜.

- ツインのお部屋をご予約いただいております。
  この用紙に記入していただけますか？
  ▶ You have a 〜.

- 何か身分を証明するものを
  提示していただけますか？
  ▶ Could you 〜?

スペアキーがほしい

- カードキーと無料の朝食券です。
  ▶ Here are 〜.

- スペアのカードキーをもらえますか？
  ▶ Can I 〜?

旅行英会話の**カギ**

予約している場合は、お決まりフレーズ I have a reservation for today. を使いましょう。英会話初心者の頃、Could you show me some form of identification?（身分証明書を提示してください）と言われて意味がわかりませんでしたが、Here's my passport. と提示したら、記入用紙の内容確認でした。2人以上で宿泊する場合はスペアキーをもらいましょう。

CD1 38

▶▶ **I'd like to check in. My name is Michiko Imai.**
　Check-in please. でも OK です。

▶▶ **I have a reservation for today. I made it online.**
　予約済みのお決まりフレーズです。

▶▶ **Here's my confirmation slip.**
　「確認書 = confirmation slip」を提示しましょう。

▶▶ **You have a twin room reserved. Could you fill out this form?**
　have は使役動詞で、「have + 目的語 + 過去分詞」の構文です。

▶▶ **Could you show me some form of identification?**
　identification は「身分証明書」です。

▶▶ **Here are your card key and complimentary breakfast ticket.**
　complimentary は「無料の」を意味します。

▶▶ **Can I get a spare card key?**
　spare は「予備の」です。

UNIT 28 チェックイン ②

荷物を預かってほしい

すみません、チェックインの時間は何時ですか？
今チェックインしたいです。
▶ what's 〜?

午後2時です。チェックインできますが、
早期チェックイン料金がかかります。
▶ we'll charge you 〜.

チェックインの時間まで荷物を
預かっていただけますか？
▶ Could you keep 〜?

チェックアウト時間を延長する

チェックアウト時間を午後1時まで
延長していただきたいのですが。
▶ I'd like to extend 〜.

12時までならご利用いただけますが
それ以降はご利用できません。
▶ You can 〜.

宿泊期間を延長する

2日間滞在を延ばしたいのですが。
▶ I'd like to extend 〜.

確認させてください。はい。
同じ部屋をご利用いただけます。
▶ Let me 〜.

旅行英会話の**カギ**

早く到着した場合、チェックインできることもあります。追加料金が必要な場合が多いので、そのような場合はチェックインまで荷物を預かってもらうのもいいでしょう。延長する場合の「extend + till + 日時」「extend + for + 宿泊日数」を身に付けましょう。

CD1 39

▶▶ **Excuse me, what's the check-in time? I'd like to check in now.**

What's the 〜 time? の〜は入れ換え可。**例** What's the departure time?

▶▶ **It's 2 p.m. You can check in now, but we'll charge you an early check-in fee.**

charge は「料金を課す、料金」の意味があります。

▶▶ **Could you keep my luggage until the check-in time?**

「預かる」は keep です。

▶▶ **I'd like to extend my check-out time till 1 p.m.**

I'd like to stay until 1 p.m. でも OK です。

▶▶ **You can use the room until 12, but the room is not available after that.**

available は「利用できる」を意味する。

▶▶ **I'd like to extend my stay for two nights.**

「延ばす」は extend です。

▶▶ **Let me check. OK. You can stay in the same room.**

let me の t は脱落し、「レッミー」に聞こえます。

第3章 ホテル編

UNIT 29 チェックイン③

朝食はいつ、どこで？

いつ、どこで朝食をとれますか？
▶ When and where ~?

２階のレストラン「アゼーリア」で午前７時から正午までです。
▶ It's served ~.

どのようなタイプの朝食ですか？
▶ What type ~?

バイキング形式です。さまざまな新鮮な食べ物をお楽しみいただけますよ！
▶ It's ~.

自分で荷物を運ぶ

お荷物を運びましょうか？
▶ Do you need ~?

自分で運びます。エレベーターはどこですか？
▶ I'll carry ~.

廊下の突き当たりでございます。
▶ It's at ~.

旅行英会話のカギ

チェックイン手続きが終わったら、ホテル内の施設等の場所が気になるものですね。また、荷物を自分で運ぶ場合は、I'll carry it by myself. とその旨をはっきり告げましょう。イギリス英語では「エレベーター」は lift です。エレベーターが満員でなかなか降りられない時は Excuse me, this is my floor. と大きな声で言いましょう。

CD1 40

▶▶ When and where can I have breakfast?
have lunch、have dinner も覚えましょう。

▶▶ It's served in Restaurant Azalea on the second floor from 7 a.m. to noon.
be served は「出される」を意味する。

▶▶ What type of breakfast is it?
What type of ～？は応用可能。例 What type of room is it?

▶▶ It's a buffet style. You can enjoy a variety of fresh food!
「バイキング」は和製英語です。

▶▶ Do you need help with your luggage?
with 以下は入れ換え可。例 Do you need help with your homework?

▶▶ I'll carry it by myself. Where is the elevator?
「自分で」は by myself です。

▶▶ It's at the end of the hallway.
「～の突き当たり」は at the end of ～です。

第3章 ホテル編

UNIT 30 交通手段の手配

タクシーを呼んでもらう

タクシーを呼んでもらえますか？
▶ Can you ~?

かしこまりました。
10分後にホテルの前に参ります。
▶ It'll be ~.

ここからモダンミュージアムまでの運賃はいくらでしょうか？
▶ How much ~?

15ドルくらいのはずです。
▶ It should ~.

シャトルバスの頻度は？

ABCショッピングセンターへのバスはどれくらいの頻度で運行していますか？
▶ How often ~?

30分ごとです。ホテルの前から出発します。
▶ Every ~.

何時に次のバスは出ますか？
▶ What time ~?

旅行英会話の**カギ**

海外旅行先では、タクシーの予約はホテルでしてもらいましょう。安心できるタクシーならば、次の日から指名して利用するのがいいでしょう。ホテルから出ているシャトルバスも利用しましょう。**How often does＋主語＋動詞原形？（どれくらいの頻度で主語は～しますか？）** を身に付けましょう。

CD1 41

Can you call a taxi for me?

taxi の代わりに cab でも OK です。

Certainly, ma'am. **It'll be** in front of this hotel in 10 minutes.

「in ＋ 時間」は「～後」です。

How much will the fare be from here to the Modern Museum?

How much is the fare ～？と現在形でも OK。fare は「運賃」、fee は「料金」です。

It should be about $15.

should は「はずである」を意味します。

How often does the shuttle bus to the ABC shopping center run?

Every 30 minutes. It leaves from in front of the hotel.

「～から出発する」は leave from ～ です。hotel は「ホテゥ」がネイティブ発音。

What time does the next bus leave?

What time は「ワッタイ(ム)」、next bus は「ネキスバス」と発音するとネイティブ感覚。

第3章 ホテル編

89

UNIT 31 トラブル①

部屋の電気がつかない

1502号室の谷真理です。部屋の電気がつきません。
▶ This is ~.

カードキーを壁のケースにしっかり差し込んでくださいませんか？
▶ Could you please ~?

部屋の掃除がされていない

私の部屋の掃除がまだされていません。散らかっています。
▶ My room ~.

申し訳ございません。すぐに誰かを行かせます。
▶ I'll send ~.

昼食に出ます。戻ってくるまでに掃除しておいていただけますか？
▶ I'm leaving ~.

エアコンが音をたてる

エアコンがうまく作動しません。大きな音をたてます。
▶ The air conditioner ~.

かしこまりました。すぐに手配いたします。
▶ I'll take ~.

旅行英会話の**カギ**

ホテルの部屋でホッとしようと思ったのに、部屋の電気もエアコンもつかない、掃除もできてない！ なんて経験したことありませんか？ 機械類が動かない場合は ～ doesn't work.（～は作動しません）の～に名詞を入れ換えて**自由自在に使えます**。私はカードキーの接触が悪くて電気がつかないだけでなく、エレベーターも使えず困った経験があります。

CD1 42

▶▶ **This is** Mari Tani in room 1502. The light in my room doesn't work.

　「This is + 名前」は電話で名乗る場合の基本表現。My name is ～. とは言いません。

▶▶ **Could you please** insert your card key firmly into the card key switch?

　「差し込む」は insert、「しっかり」は firmly です。

▶▶ **My room** hasn't been cleaned yet. It's messy.

　「散らかっている」は messy です。

▶▶ I'm sorry. **I'll send** someone up right away.

　send someone up は「誰かを（上に）行かせる」を意味します。

▶▶ **I'm leaving** for lunch. Could you clean the room before I come back, please?

　leave for lunch は「昼食に出る」を意味します。

▶▶ **The air conditioner** isn't working well. It's making a lot of noise.

　make a lot of noise は「大きな音をたてる」を意味する。

▶▶ OK. **I'll take** care of it right away.

　take care of ～ は「～を責任もって引き受ける」を意味するので応用範囲が広い。

第3章 ホテル編

UNIT 32 トラブル②

お湯が出ない

お湯が出ないんです。
▶ There's no ~.

今、多くの人が使用しています。
もう少しお待ちいただけますか？
▶ A lot of people ~.

バスタオルがない

バスタオルがありません。バスタオルをいただけますか？
▶ There's no ~.

はい。すぐにお持ちします。
▶ I'll bring ~.

金庫・浴槽・トイレのトラブル

金庫が開きません。
▶ I can't ~.

浴槽の栓が閉まりません。
トイレの水が流れません。
▶ The plug ~.

すぐに確認いたします。
▶ We'll ~.

旅行英会話の**カギ**

「There's no + 名詞」の名詞に toilet paper, soap, hot water, dryer など、色々な名詞を入れ換え自由自在に使えます。簡単ですね。お湯が出ない場合は、宿泊客が同じ時間帯に使っていることも多いです。お湯が出ない時に Hot water, please. なんてお願いしたら、お湯が入ったポットを持ってこられますよ。

CD1 **43**

There's no hot water.

「There's no + 名詞」の形です。

A lot of people are using it now. Could you wait a little bit?

会話では many people より、a lot of people を使います。

There's no bath towel. Could I have some bath towels?

bath の th の音は舌を噛んで発音しましょう。

OK. I'll bring some right away.

「すぐに」は、[t + a] の連結で right away「ライタウェイ」でネイティブ発音。

I can't open the safety box.

can't はアメリカ英語では「キャン(ト)」、イギリス英語では「カーン(ト)」と発音。

The plug in the bathtub doesn't work. The toilet won't flush.

plug は「栓」、flush は「水を流す」を意味する。

We'll check on it right away.

[k + o] の連結で、check on は「チェッコン」でネイティブ発音。

第3章 ホテル編

UNIT 33 トラブル③

シャワーが出ない・トイレが詰まっている

シャワーが出ません。トイレも詰まっています。
▶ The shower ~.

メンテナンス係がすぐにそちらにお伺いします。
▶ The maintenance person ~.

誰かに来てもらう

テレビがうまく作動しません。
画面が映らないのです。
▶ My TV ~.

どなたかに見に来ていただけませんか？
▶ Could you send ~?

部屋を替えてほしい

私の部屋は通りに面した２階です。
うるさいです。
▶ My room is on ~.

隣の部屋もうるさいです。別の部屋に替えていただけますか？
▶ The room next door ~.

375号室に移っていただけます。
▶ You can switch ~.

旅行英会話の**カギ**

お湯がやっと出てお風呂にお湯がはれたのに、今度はシャワーが使えなかったり…そんな経験はないですか？ 私は一息つこうと I turned on the TV. (テレビをつけた) したら There was no picture. (画面が映らなかった) の経験があります。ここでは、~ + doesn't work. (~は作動しません) There's no ~. (~がありません) を復習しましょう。

CD1 44

The shower doesn't work. The toilet is blocked.

be blocked は「詰まっている」を意味する。

The maintenance person will be up soon.

will be up は「上に行く」。will be there は上に行く場合も下に行く場合も使える。

My TV isn't working well. There's no picture.

「画面」は picture です。

Could you send someone up to look at it?

send someone up は「人を上に送る」。send someone なら上でも下でも使える。

My room is on the second floor on the street side. It's noisy.

「通りに面した」は on the street side です。

The room next door is noisy too. Could you change me to another room?

「change ＋ 目的語 ＋ to ~」は「目的語を~に移動させる」です。

You can switch to room 375.

switch to ~は「~へ移る」。

第3章 ホテル編

UNIT 34 ホテルサービス

30分後に来てほしい

どちら様ですか？
▶ Who ~?

ハウスキーピングです。
ベッドメイキングに来ました。
▶ I'm here to ~.

30分後に来てもらえますか？
▶ Could you ~?

洗濯をしてほしい

洗濯物を取りに来てくれますか？
▶ Could you ~?

このジャケットのシミを明日の朝の9時までに抜いてもらえますか？
▶ Could you ~?

OKですよ。やってみましょう。
たぶん6時までにできると思います。
▶ We'll ~.

私のスーツにアイロンをかけてくれますか？
▶ Could you ~?

旅行英会話の**カギ**

海外でのフレンドリーなハウスキーピングとのやりとりも Good morning. の明るい挨拶から始まり、楽しいものです。部屋のクリーニングやベッドメイキングが不要の場合は Do not disturb. の札を掲げておきましょう。また、見知らぬ土地で服にシミがついた場合などは、ホテルのクリーニングでシミ抜きをしてもらうのが一番安心です。

CD1 45

Who is it?

Who are you? は非常に無礼なので Who is it? を使いましょう。

Housekeeping. I'm here to make the bed.

make the bed は「ベッドメイキングをする」です。

Could you come back in half an hour?

in half an hour は「30分後に」。部屋に入ってもらう場合は Please come in.

Could you come to pick up my laundry?

「取る」は pick up、「洗濯物」は laundry です。

Could you remove the stain on this jacket by 9 a.m. tomorrow?

「シミを抜く」は remove the stain です。

OK. We'll try. It'll probably be ready by 6.

be ready は「出来上がる」。**例** It'll be ready soon. (すぐにできます)

Could you iron my suit?

「アイロンをかける」は iron で、発音は「アイアン」です。

第3章 ホテル編

UNIT 35 施設利用・チェックアウト

施設の利用時間を聞く

室内プールを使用したいのです。
1時間いくらですか？
▶ I'd like to ~.

お客様は無料でご利用いただけます。
ジムも無料でお使いいただけます。
▶ It's free for ~.

室内プールは何時に開いて何時に閉まりますか？
▶ What time ~?

午前9時に開いて午後9時に閉まります。
▶ It opens ~.

特別割引が適用されていない

税込で560ドル85セントになります。
▶ The total ~.

え〜。20％の特別割引が適用されていません。
▶ The 20% ~.

申し訳ございません。
今すぐ請求書を修正いたします。
▶ We'll correct ~.

旅行英会話の**カギ**

チェックアウトするときは、I'd like to check out, please. で OK。請求書が渡され、overcharge（過剰請求）や undercharge（過小請求）だった場合は質問しましょう。英会話初心者だった頃、I think I was overcharged. と言うと Everything is itemized.（すべては項目別になっています）と、項目（item）を説明してもらった思い出があります。

CD1 46

▶▶ **I'd like to** use the indoor pool. How much is it per hour?

per hour は「1時間につき」、per day は「1日につき」です。

▶▶ **It's free for** guests. You can use the gym for free too.

「無料」は free です。

▶▶ **What time** does the indoor pool open and close?

[t＋t] は前の t が脱落。what time「ワッタイ(ム)」でネイティブ発音です。

▶▶ **It opens** at 9 a.m. and closes at 9 p.m.

▶▶ **The total** comes to $560.85, including tax.

語尾の l 日本語の「ウ」に近い音になり total は「トータゥ」でネイティブ発音。

▶▶ Oh, no. **The 20%** special discount hasn't been applied to my bill.

be applied to 〜は「〜に適用される」です。

▶▶ We're sorry about that. **We'll correct** the bill right away.

correct は「修正する」、collect（集める）と発音を間違えないように。

第3章 ホテル編

ホテルの単語

受付	reception
受付係	receptionist
コンシェルジュ	concierge
ハウスキーピングスタッフ	housekeeping staff
宿泊カード	registration card
前金	deposit
満室	no vacancy
空室あり	vacant
予備のベッド	extra bed
キッチン(風呂)付	with a kitchen [bathtub]
寝室・リビング等がひと続きの部屋	suite room
インターネット接続が可能な部屋	room with internet
階段	stairs
宴会場	banquet hall
貴重品	valuables
冷蔵庫	refrigerator
製氷機	ice dispenser
エアコンのスイッチ	switch for an [the] air conditioner
気温	temperature
調整する	adjust
電球	light bulb
コンセント	outlet
スタンド照明	floor lamp
有料テレビ	pay-TV
モーニングコール	wake-up call
目覚まし時計	alarm clock
内線電話	extension call
市内電話	local call

第4章

飲食 編

注文するためのフレーズも大事ですが、
相手が何を言っているかわからなければ
どうしようもないことも多いです。
相手のフレーズをしっかり聞き取ることができるように、
聞くことに集中するトレーニングも
たくさんすれば、
コワイものなしです！

UNIT 36 CD1 **Track 47**
▼
UNIT 49 CD1 **Track 60**

UNIT 36 電話で予約する

予約する

はい。こちらカメリアレストランでございます。
▶ This is ~.

今晩7時に2人で予約したいのですが。
▶ I'd like to ~.

テーブルを指定する

眺めの良いテーブルはありますか？
▶ Do you have ~?

7時にはテーブルはご用意できませんが、8時ならご用意できます。
▶ We have ~.

そうします。8時に行きます。私の名前は佐藤太郎です。
▶ We'll come ~.

ドレスコードは？

ドレスコードはありますか？
▶ Do you have ~?

はい、男性はジャケットとネクタイをご着用ください。
▶ men have to ~.

🖋 旅行英会話の**カギ**

実際には I'd like to reserve a table. と言うと How many people? と聞かれ、For two people for seven o'clock. 程度の会話のことも多いです。電話での予約は用件を紙に書いて伝えましょう。「I'd like to make a reservation for + 人数 + for + 時間」の人数と時間を書いて、それを読んで伝えれば、鬼に金棒です！

CD1 47

▶▶ **Hello. This is Camellia Restaurant.**

> Hello. This is ～. は電話を受ける際のお決まりフレーズです。

▶▶ **I'd like to make a reservation for two for seven o'clock tonight.**

> for で人数や時刻を指定します。

▶▶ **Do you have a table with a nice view?**

> table は l の音は舌を上の歯の裏側につけて「テイブゥ」と発音します。

▶▶ **We have no tables for seven but we have a nice table available at eight o'clock.**

> available は、ここでは「空いている」を意味します。

▶▶ **OK. We'll come at eight. My name is Taro Sato.**

> We'll come. は「そちらに行きます」を意味する。We'll go. とは言いません。

▶▶ **Do you have a dress code?**

> 「ドレスコード（服装規定）」は dress code です。

▶▶ **Yes, men have to wear a jacket and a tie.**

> jacket は「ジャキッ(ト)」と発音します。

第4章 飲食編

UNIT 37 入店する

予約していない

予約はしていません。
3人用のテーブルはありますか？
▶ I don't have ~.

申し訳ございませんが、
空いているテーブルはございません。
▶ there are no ~.

待ち時間は？

待ち時間はどれくらいですか？
▶ How long ~?

そんなに長くはないです。
20分くらいのはずです。
▶ It's not ~.

そうですね、また別の機会にお願いします。
▶ maybe ~.

予約している

山田の名前で8時に予約しています。
▶ I have ~.

いらっしゃいませ！
テーブルをご用意しております。
▶ We have ~.

旅行英会話の**カギ**

レストランの予約をしている場合は、「I have a reservation under ＋名前＋for＋時刻」のフレーズを身に付けましょう。How long is the wait?（待ち時間はどれくらいですか？）はレストランだけでなく、待ち時間を尋ねるいろいろな場面で使えます。

CD1 48

I don't have a reservation. Do you have a table for three?

Do you have a table for 〜? の〜には人数を入れ換え自由自在。

I'm sorry, but there are no tables available.

available は「利用できる、空いている」を意味し、名詞を後ろから修飾する。

How long is the wait here?

the wait は「待ち時間」を意味します。

It's not long. It should be 20 minutes.

should は「はずです」を意味します。

Well, maybe another time, then.

断る時のお決まりフレーズ。another は「別の」を意味する。

I have a reservation under Yamada for eight o'clock.

「under 〜」で「〜の名前で」。

Welcome! We have a table ready for you.

テーブルが準備できてない時は We'll set the table for you.（テーブルを準備します）。

第4章 飲食編

UNIT 38 注文する ①

メニューがほしい

すみません。メニューをもらえますか？
▶ Can I ~?

何がおすすめですか？
本日の特別メニューは何ですか？
▶ What do you ~?

本日の特別料理はグリルサーモンです。
▶ Today's special ~.

セットコースはありますか？
▶ Do you ~?

もっと時間がほしい

ご注文はお決まりになりましたか？
▶ Are you ~?

まだ決めていません。もっと時間が必要です。
▶ We haven't ~.

ご注文がお決まりになりましたら
お呼びください。
▶ Please call ~.

旅行英会話の**カギ**

What do you recommend? はいろいろな場面に使えます。メニューの基本は、「前菜」＝ Appetizer、Starter。「メインディッシュ」＝ Main dish、Entrée。「付け合せ」＝ Side order、Garnish です。そして「デザート」＝ Dessert です。注文はゆっくりでも OK です。We need more time.（もっと時間が必要です）と言いましょう。

CD1 49

Excuse me. Can I have a menu?

Can I ～? は「キャナイ」と発音します。

What do you recommend? What's today's special?

What's the house special?（お店のご自慢の料理は何ですか？）

Today's special is grilled salmon.

語尾に n が来たときは「ヌ」の余韻が残り、salmon「サーモヌ」と発音。

Do you have set courses?

Do you have ～? の～に料理名を入れて応用自由自在。

Are you ready to order?

Are you ready to ～は応用可。**例** Are you ready to go?（行く準備はできた？）

We haven't decided yet. We need more time.

Please call me when you decide your order.

語尾に l がある場合は日本語の「ウ」に近い音。call me は「コーゥミー」に聞こえる。

第4章 飲食編

UNIT 39 注文する②

注文したい

すみません。オーダーを取ってもらえますか？
▶ Could you 〜?

最初にお飲み物を何かお持ちしましょうか？
▶ Can I 〜?

もちろん！ ミネラルウォーターのボトルがほしいです。炭酸抜きでお願いします。
▶ I'd like 〜.

前菜はいらない

前菜は何になさいますか？
▶ What would you like 〜?

前菜は必要ありません。
メインディッシュだけで十分です。
▶ I don't need 〜.

食後にほしい

コーヒーはお食事と一緒か、それともお食事の後にお持ちしましょうか？
▶ Would you like 〜?

カフェイン抜きのコーヒーを食後にいただきたいです。
▶ I'd like some 〜.

旅行英会話の**カギ**

日本人のお腹はメインディッシュだけで一杯になってしまうことも多いので、無理して前菜を頼まなくてもOKです。The main dish is enough for me.（メインディッシュだけで十分です）のフレーズを使いましょう。また main dish を注文するとサラダは付いてくることが多いです。

CD1 50

▶▶ **Excuse me. Could you take our order?**

take one's order は「注文をとる」。

▶▶ **Can I get you some drinks to start with?**

start with ～は「～で始める」。**例** start with beer（ビールで始める）

▶▶ **Sure! I'd like a bottle of mineral water. Non-carbonated, please.**

「炭酸抜き」は non-carbonated です。

▶▶ **What would you like to have as an appetizer?**

「前菜」は appetizer です。

▶▶ **I don't need an appetizer. The main dish is enough for me.**

be enough for ～は「～には十分な」を意味します。

▶▶ **Would you like your coffee with or after the meal?**

with the meal は「食事と一緒に」、after the meal は「食事の後に」。

▶▶ **I'd like some decaf coffee after the meal, please.**

「カフェイン抜きの」は decaf です。

第4章 飲食編

UNIT 40 注文する ③

飲み物を頼む

お食事と一緒のお飲み物は何になさいますか？
▶ What would you like ～?

ワインリストを見せてもらえますか？
ハウスワインはありますか？
▶ Can I see ～?

含まれている？

コーヒーはこのセットメニューに含まれていますか？
▶ Is coffee ～?

コーヒーは無料でおかわりしていただけます。
▶ you can ～.

量はどれくらい？

どのサラダになさいますか？
▶ What salad ～?

シーザーサラダをフレンチドレッシングでお願いします。
▶ Caesar salad ～.

このサラダの量はどれくらいですか？
▶ How large ～?

旅行英会話の**カギ**

国によって1人前の量が違います。How large is + 料理名？を覚えているといろいろと応用できます。料理の量が多すぎて途中で Can I cancel 〜？と料理の一品をキャンセルしたり、残してしまったりするより、Can I get a half portion?（半分の量でいただけますか？）と聞いてみるのもよいでしょう。

CD1 51

▶ **What would you like to drink with your meal, sir?**

▶ **Can I see your wine list? Do you have a house wine?**
　house wine は「レストラン専用に醸造されたワイン」で、価格もお手頃。

▶ **Is coffee included in this set menu?**
　be included は「含まれる」。set menu は「セッ(ト)メニュー」でtの音は脱落。

▶ **Yes, you can get free refills of coffee.**
　「無料のおかわり」は free refill。

▶ **What salad would you like?**
　「What + 名詞 + would you like?」は名詞を入れ換え自由自在。

▶ **Caesar salad with French dressing, please.**
　salad は「サラッ(ド)」と発音、dの音は脱落します。

▶ **How large is this salad?**
　How large is + 料理名？　**例** How large is this pizza?（このピザの大きさは？）

第4章 飲食編

UNIT 41 注文する ④

小皿がほしい

そのサラダは二人分は十分ありますよ。
▶ That salad is ~.

分けて食べたいです。小皿をもらえますか？
▶ We'd like to ~.

料理を交換したい

本日のスープはオニオンポタージュです。
▶ Today's soup ~.

オニオンスープの代わりにポテトスープをもらえますか？
▶ Can I have ~?

後で注文したい・おかわりしたい

デザートは何になさいますか？
▶ What would you ~?

デザートは不要です。お腹と相談します。デザートは後で注文します。
▶ I'll skip ~.

もっとガーリックパンをもらえますか？
▶ Can I have ~?

旅行英会話のカギ

Do you have any food allergies?（何か食物アレルギーをお持ちですか？）や Is there anything that you can't eat?（食べられない物はありませんか？）と聞いてくれることも多いです。セットメニューに嫌いな食材が入っている場合などは、Can I have A instead of B?（Bの代わりにAをいただけますか？）と聞いてみましょう。

CD1 52

That salad is enough for two people.

Is this salad enough for two people? と聞けるようになりましょう。

We'd like to share our food. Can we get some small plates?

「分ける」は share、「小皿」は small plate です。

Today's soup is onion potage soup.

onion は「玉ねぎ」です。

Can I have potato soup instead of onion soup?

instead of 〜は「〜の代わりに」を意味する。

What would you like for dessert?

dessert は「ディザート」、desert（砂漠）は「デザト」です。

I'll skip the dessert. I'll let my stomach talk. I'll order dessert later.

skip は「飛ばす＝不要だ」を意味します。

Can I have more garlic bread?

パンのおかわりが有料の場合は Bread is $2. Would that be OK? と返答されるかも。

第4章 飲食編

UNIT 42 注文する ⑤

おすすめの郷土料理は?	郷土料理を食べたいのですが。おすすめは何ですか?	▶ I'd like to ~.
	シオピーノをおすすめしますよ。有名なサンフランシスコのシチューです。	▶ I recommend ~.
料理の中には何が入っている?	それはどんな料理ですか?中には何が入っていますか?	▶ What's ~?
	トマトのスープにカニと季節の魚が入っています。	▶ It's made ~.
それにします	おいしそうですね。それにします。	▶ It sounds ~.
	季節の野菜がついて、ライス、ベイクドポテト、フレンチフライの中からお選びいただけます。	▶ It's served with ~.
	ベイクドポテトをお願いします。	▶ Baked ~.

旅行英会話の**カギ**

旅行中 local food（郷土料理）に是非トライしたいですね！料理の食材を知りたいときは、What's in it? を使いましょう。ポテトは mashed potatoes（ゆでつぶしたポテト）、french fries（フライドポテト）、baked potatoes（皮ごと焼いたジャガイモ）などがあります。

CD1 53

I'd like to have some local food. What do you recommend?
- What's your local specialty? と聞いても OK です。

I recommend "Cioppino". It's a popular San Francisco stew.
- stew は「ストゥー」がネイティブ発音です。

What's it like? What's in it?
- What are the ingredients? でも OK です。

It's made with crab and seasonal fish in tomato broth.
- 「カニ」は crab、「季節の」は seasonal、「だし汁スープ」は broth。

It sounds good. I'll try it.
- 初めての料理を食べる時は try を使う。

It's served with seasonal vegetables, and a choice of rice, baked potatoes or french fries.
- a choice of A or B は「AかBか選べる」を意味する。

Baked potatoes, please.
- 「料理名, + please.」でカンタンに注文できます。

第4章 飲食編

UNIT 43 食事を楽しむ

感想を言う

いかがですか？
▶ How's ~?

すべてがおいしいです。ありがとう。
▶ Everything's ~.

料理をキャンセル・量を半分に

まだ料理をつくり始めていないなら
ロールキャベツをキャンセルしたいです。
▶ If you haven't ~.

または、量を半分にしていただけますか？
▶ Or can ~?

まだ食べています

お食事はお済みですか？
▶ Are you ~?

まだ食べています。
▶ We're ~.

シェフに、おいしかったとお伝えください。
▶ Please send ~.

旅行英会話の**カギ**

海外のレストランでは受け持ちが決まっていることが多いです。英会話初心者の頃、ウェイターに More bread, please. と声をかけると、This is not my station. (私の担当ではありません) と返答されました。当時の私は station が「持ち場」の意味も持つと知りませんでした。このウェイターは「この近くの駅に住む人ではない」と勘違いしました。

How's everything?
食事中に声をかける時だけではなく、「調子はどう、元気？」の意味も持つ。

Everything's great, thank you.
問題がある場合は、P.120を応用させて言いましょう。

If you haven't started, I'd like to cancel the stuffed cabbage.
「ロールキャベツ」は stuffed cabbage です。

Or can I have a half portion?
portion は「1人前」、a half portion は「半人前」です。

Are you finished?
職場では、「もう仕事終わった？」の意味になります。

We're still eating.
食べ終わった場合は、I'm finished. Could you bring the dessert, please? など。

Please send my compliments to the chef.
compliment は直訳すると「褒め言葉」です。

UNIT 44 困ったとき①

料理が違う・待ち時間が長い

これは私が注文した料理ではないです。
▶ This is 〜.

30分も料理を待っています。
▶ We've 〜.

本当に申し訳ございません。
厨房にすぐにご注文を用意するように言います。
▶ I'm really 〜.

グラスが割れている・テーブルがべたついている

このグラスはひび割れていますし、
テーブルはべたついています。
▶ This glass 〜.

申し訳ございません。すぐにテーブルを拭いて
新しいグラスをお持ちします。
▶ Sorry 〜.

ジュースをこぼした・ナイフを落とした

私の子供がジュースをこぼして、
私はナイフを落としました。
▶ My kid 〜.

すぐに対応させていただきます。
▶ I'll take 〜.

旅行英会話の**カギ**

ノンネイティブの英語は注文時に間違えられることも多いです。注文した料理と違うものが来たときは This is different from my order. と苦情を言いましょう。Sirloin steak と Salmon を聞き間違えられた話も聞きます。そんなことが起こらないように、常日頃より正しい発音を身に付けましょう。

CD1 55

This is different from my order.

This is different from what I ordered. も同じ意味です。

We've been waiting for our order for half an hour.

「30分(半時間)」は half an hour です。

I'm really sorry. I'll ask the kitchen to make your order right away.

make your order は「注文の品を作る」です。

This glass has a crack and this table is sticky.

crack は「ひび割れ」、sticky は「べたべたしている」。

Sorry about that. I'll wipe your table and bring a new glass soon.

wipe は「拭く」です。

My kid spilled some juice and I dropped my knife.

「こぼす」は spill、「落とす」は drop です。

I'll take care of it right away.

take care of 〜は「〜を責任もって引き受ける」を意味するので応用範囲が広い。

第4章 飲食編

UNIT 45 困ったとき ②

冷めている
この料理は冷めています。
▶ This food ~.

ゆで過ぎ・焼き過ぎ
このスパゲティはゆで過ぎですし、
このステーキも焼き過ぎです。
▶ This spaghetti ~.

生焼け
このチキンは中が生焼けです。
▶ This chicken ~.

何か入っている
料理の中に髪の毛が入っています。
▶ There's a ~.

炭酸が抜けている
コーラの炭酸が抜けています。
トーストは焼けすぎです。お米が固いです。
▶ This Coke ~.

〜抜きを頼んだ
トマト抜きのサンドイッチをお願いしたのに
トマトが入っています。
▶ I ordered ~.

本当に申し訳ございません。
すぐに新しいお料理をお持ちします。
▶ I'll bring ~.

旅行英会話の**カギ**

私は、生焼けのチキン (undercooked chicken) を食べてしまい、じんましん (rash) と下痢 (diarrhea) で苦しんだ経験があります。～ is cold.(～は冷めている)、～ is overcooked. (～はゆで過ぎ)、～ isn't cooked inside. (～は生焼け)、There's ～ in it. (～が入っている)、I ordered it without ～. (～なしで注文した) の～は入れ換え自由自在です。

CD1 56

This food is cold.

food を soup などに入れ換え可能です。

This spaghetti is overcooked and the steak is overcooked, too.

spaghetti をいろいろな食べ物に入れ換え可能です。

This chicken isn't cooked inside.

chicken を pizza、fish など様々な食材に入れ換え可能。be undercooked でも OK。

There's a hair in my food.

My food has a hair in it. も OK。There's ～. の～に some dirt、a bug なども可。

This Coke is flat. The toast is burnt. The rice is undercooked.

「炭酸が抜けている」は flat です。

I ordered a sandwich without tomato, but this has tomato.

I ordered it without ～. の～を入れ換え自由自在です。

I'm really sorry. I'll bring your new dish right away.

[t + a] が連結して right away は「ライタウェイ」がネイティブ発音。

第4章 飲食編

UNIT 46 お会計

勘定書がほしい

勘定書を持ってきていただけますか？
お勘定は別々でお願いします。
▶ Could you ~?

私はこのお勘定はどこか間違っていると思います。
▶ I think ~.

サービスチャージが含まれております。
▶ The service ~.

今日は日曜なので、日曜追加料金が発生します。
▶ Today is ~.

~は食べていない

私はイカ墨スパゲティを食べていませんよ。
▶ I didn't have ~.

大変申し訳ございません。
すぐに請求書を訂正いたします。
▶ We'll correct ~.

チップはテーブルに

チップはテーブルに置きました。
いろいろとありがとう。
▶ I left ~.

旅行英会話の**カギ**

テーブル会計が基本です。伝票に service charge（お店が請求するチップ）が含まれている場合はチップを払う必要はありません。含まれていない場合はアメリカでは subtotal（＝食事）のみの合計の請求額の15％、ヨーロッパでは10％～15％が標準です。カード支払いの場合は請求金額にチップ分を書き添えます。

CD1 57

▶ **Could you please bring us the check? Separate checks, please.**

「勘定書」は check、または bill です。

▶ **I think there's something wrong with this check.**

There's something wrong with this ～. の～は入れ換え自由自在。

▶ **The service charge is included.**

▶ **Today is Sunday, so there's a Sunday surcharge.**

「追加料金」は surcharge です。

▶ **I didn't have Sepia Sauce Spaghetti.**

have は便利な単語でこの場合は「食べる」の意味。Sepia Sauce は「イカ墨」。

▶ **I'm really sorry. We'll correct this check right away.**

「訂正する」は correct です。collect と発音し間違えないように。

▶ **I left the tip on the table. Thank you for everything.**

tip は「ティップ」と発音します。

第4章 飲食編

123

UNIT 47 ファストフード

ここで食べる

Aセットでダイエットコーラとポテトをお願いします。
▶ I'll take 〜.

こちらで召し上がりますか？お持ち帰りですか？
▶ For here 〜?

ここで食べます。ストローとナプキンはどこにありますか？
▶ For 〜.

持ち帰る

持ち帰り用のホットドッグを2つお願いします。
▶ Two 〜.

マスタードになさいますか、ケチャップになさいますか？
▶ Would you 〜?

マスタードとマヨネーズをお願いします。
▶ Mustard 〜.

コーラに無料のドリンククーポンは使えますか？
▶ Can I 〜?

旅行英会話の**カギ**

いくつかのサイズがあるポテトやドリンクなどを注文する時は、数→サイズ→メニューの順番に言います。Two large Cokes（Lサイズのコーラを2つ）、One small french fries（Sサイズのフライドポテトを1つ）etc. です。

CD1 58

I'll take Combo A with a Diet Coke and french fries.

coke は「コーク」と発音。コーラは通じません。

For here or to go?

for と to は軽く発音。here は上げ調子、go は下げ調子です。

For here. Where are the straws and napkins?

here は下げ調子です。

Two hot dogs to go, please.

hot の t が消えて、「ホッドッグ」です。ホとドにアクセントを付けます。

Would you like mustard or ketchup?

Would you like 〜？は What do you want 〜？の丁寧な表現です。

Mustard and mayonnaise, please.

mayonnaise は「メヤネイズ」と発音します。

Can I use this free drink coupon for a Coke?

第4章 飲食編

UNIT 48 バー ①

私の勘定につけてほしい

お支払いはどのようになさいますか？
カードにつけておきますか？
▶ How would you ~?

すべて私の勘定につけておいてください。
▶ Please put ~.

酒を注文する

ご注文は何になさいますか？
▶ What can I ~?

生ビールを1杯お願いします。
▶ I'd like ~.

土地のウイスキーはありますか？
▶ Do you have ~?

水割り

水割りをお願いします。
▶ A whisky ~.

おかわりする

同じものをもう1杯おかわりします。
▶ I'd like ~.

旅行英会話の**カギ**

バーでは基本的に注文する度に現金で支払いますが、たくさん注文する場合や食事を一緒にする場合には tab を使って支払うことも可。ビールの数量を表す時は A pint of 〜を使いましょう。pint は 568ml です。UK では US より 20％多いです。「カウンター席になさいますか？」は Would you like to sit at the bar? と聞かれます。

How would you like to pay? Would you like to open a tab?

tab は「つけ払いの勘定」、open a tab は「つけ払いを開始する」＝カード支払い。

Please put all of my drinks on my tab.

put 〜 on my tab は「〜を私の勘定につける」です。

What can I get for you?

「ワッキャナイゲッフォーユー」がネイティブ発音です。

I'd like a pint of draft beer.

つづりは、UK では draught、US では draft です。発音は同じです。

Do you have a local whisky?

つづりは、UK では whisky、US では whiskey です。

A whisky with water, please.

水割りは with water で表します。

I'd like another one, please.

「同じもの」は another one です。

UNIT 49 バー②

おつまみがほしい
おつまみは何がありますか？
果物の盛り合わせがほしいです。
▶ What snacks ～?

ストレート
ウォッカをストレートでお願いします。
▶ I'd like ～.

ロック
ロックでもらえますか？
▶ Can I get ～?

度数の低いカクテル
アルコール度数の低いカクテルをお願いします。
▶ I'd like ～.

あの人と同じもの
向こうの女性が飲んでいるのと同じカクテルをお願いします。
▶ I'd like the same ～.

オリジナルカクテル
わかりました。あちらは当店のオリジナルカクテルです。ワインベースのカクテルです。
▶ That's our original ～.

勘定を締める
勘定を締めてください。
▶ I'd like to ～.

旅行英会話の**カギ**

おつまみがほしいけどなんて言えば良いんだろう？ そんな時は Can I have a menu of snacks? と言いましょう。I'd like the same〜that +主語 ….（主語が…しているのと同じ〜をいただきたいです）はレストラン、パブだけでなく様々な場面で応用可。I'd like the same dish that she is having.（彼女が食べているのと同じ料理を食べたい）。

CD1 60

What snacks do you have? I'd like a fruit platter.

cheese platter だと「チーズの盛り合わせ」です。

I'd like a vodka, straight up, please.

「ストレート」は straight up です。

Can I get it on the rocks please?

「氷の上から注ぐ」と言う意味で over the ice とも言えます。

I'd like a cocktail with a low alcohol content.

A cocktail without much alcohol. でも OK です。

I'd like the same cocktail that the woman over there is drinking.

同じものを飲みたい場合にとても便利な表現。

OK. That's our original cocktail. It's a wine-based cocktail.

「ウイスキーベースのカクテル」は whisky-based cocktail です。

I'd like to close the tab.

Check, please でも OK です。

Menu

Appetizer ①
Shrimp Cocktail	$10
House Smoked Salmon	$9
Mediterranean Mussels	$11

Soup & Salad
French Onion Soup	$8
Soup of the Day	$8
Caesar Salad	$15

*Prepared Tableside for Two Persons ②

Meat
Rib Eye Steak	$19
Prime Filet Mignon	$25
Grilled Pork Chops	$22

*All steaks can surf:
　　　　Add a Lobster tail for　$30 ③

Seafood
Live Maine Lobster	Market Price ④
Grilled Atlantic Salmon	$20
Grilled Pacific Swordfish	$25

Side ⑤
Steamed Asparagus	$8
Baked Potato	$7
Green Beans	$7

Dessert
Homemade ⑥ Vanilla Bean Ice Cream	$8
Chocolate Fudge Cake	$8

Beverage
Coffee (Regular or Decaffeinated) ⑦	$3
Tea (Hot or Iced)	$3
Espresso	$5
Cappuccino	$5

*Free Refill on Regular Coffee and
　　　　　　　　　　　　Iced Tea ⑧

☞ **メニューの見方**

① 前菜。食前酒という意味もある
② テーブルサイドで2人分のサラダを用意
③ すべてのステーキメニューは、30ドルの追加料金でロブスターテールを追加できるということ
④ 時価のこと。そのときの市場価格によって値段が変わる
⑤ 野菜などの付け合せ料理のこと
⑥ 自家製のこと
⑦ レギュラーかカフェイン抜きかを選ぶ
⑧ レギュラーコーヒーとアイスティーはおかわりできる

飲食の単語

一品料理	à la carte
メインコースの料理	entrée
付け合せ	garnish
オードブル	hors d'oeuvre
夕方早い時間のサービス	happy hour
フランス料理	
テリーヌ	terrine
マリネード	marinade
パテ	pâté
コンソメ	consommé
ムニエル	meunière
ポワレ	butter roast
ブイヤベース	bouillabaisse
フォンデュ	fondue
ポトフ	pot-au-feu
エスカルゴ	escargot
舌平目	sole
ムール貝	common mussel
オマールエビ	lobster
子牛	veal
鴨	duck
フォアグラ	foie gras
キャビア	caviar
中華料理	
ふかひれスープ	shark's fin soup
酢豚	sweet and sour pork
チャーハン	fried rice
餃子	Chinese meat dumpling
メンマ	Chinese bamboo shoot
ピータン	preserved egg
春巻き	spring roll
クラゲの和え物	seasoned jellyfish

飲食の単語

杏仁豆腐	almond jelly
ごま団子	sesame dumpling
味	
辛い	hot / spicy
塩辛い	salty
苦い	bitter
酸っぱい	sour
こってりした	heavy
あっさりしている	light
大味な（薄味の）	bland
固い	hard / tough
油っぽい	oily / greasy
柔らかい	soft / tender
調理法	
生の	raw
味付けする	season
酢漬けにした	pickled
あぶる	broil
網焼きにする	grill
いためる	stir-fry
ゆでる	boil
煮込む	simmer
デザート	
プリン	pudding
ゼリー	jelly
ムース	mousse
ババロア	Bavarian cream
その他	
スクランブルエッグ	scrambled egg
目玉焼き	fried egg
ゆで卵	boiled egg
おとし卵	poached egg
フォッカチオ	focaccia
リゾット	risotto

第5章

買い物 編

店員さんなど、会話を交わす機会がとても多いのは
買い物のときですね。
自分の希望や意見がきちんと伝わったら、
ルンルン気分で良いショッピングができます。
服屋・靴屋・アクセサリーショップ・化粧品店などで
使えるフレーズが満載です。
返品や交換のフレーズも覚えておけば、
安心です。

UNIT 50 CD2 Track 01
▼
UNIT 67 CD2 Track 18

UNIT 50 基本フレーズ

見ているだけです

いらっしゃいませ。お伺いしましょうか？
▶ May I ~?

ちょっと見ているだけです。ありがとう。
▶ I'm just ~.

聞いてもらっています

何をお探しですか？
▶ What can I ~?

聞いてもらっていますよ。
▶ Someone's ~.

やんわりと断る

いかがなさいますか？
▶ How would ~?

もう少し見てみます。
▶ I think ~.

そうですね、今回はやめておきます。
また今度の機会に。
▶ I'll leave it ~.

旅行英会話の**カギ**

May I help you? と声をかけられて無言で立ち去る日本人が多いと言われています。I'm just looking.（ちょっと見ているだけです）や、Someone's helping me.（聞いてもらっていますよ）を身に付けましょう。「ちょっとお願いしたいのですが」と言いたいときはExcuse me. と声をかけてCould you help me? と言いましょう。

CD2 01

Hello. May I help you?
「メイァィヘルピュー」がネイティブ発音です。

I'm just looking. Thank you.
looking の語尾の g は「グ」と発音せず「ン(グ)」と発音するようにしましょう。

What can I do for you, ma'am?
高級店ではこのフレーズが多いです。

Someone's helping me.
同じ意味の I'm being helped. はアメリカ英語。I'm being served はイギリス英語。

How would you like it?
How would you like 〜? は応用可。**例** How would you like your steak?

I think I'll look around a bit more.
[k + a] が連結して look around は「ルッカラウン(ド)」がネイティブ発音です。

Well, I'll leave it this time. Maybe next time.
this time を付けることで、また来るかもしれない意味合いが出ます。

第5章 買い物編

UNIT 51 服屋 ①

違うサイズ

すみません。ちょっとお願いしたいのですが。
▶ Could you ~?

このTシャツのSサイズはありますか？
▶ Do you have ~?

はい。倉庫からすぐにお持ちします。
▶ I'll ~.

違う色

このブレザーで白い色はありますか？
▶ Do you have ~?

申し訳ございませんが、
ただ今在庫を切らしております。
▶ we're out of ~.

素材は？

このセーターの素材は何ですか？
▶ What material ~?

アクリルでできています。
洗濯機で洗えますよ。
▶ It's made of ~.

旅行英会話の**カギ**

衣服のショッピングをするときは、色、サイズ、素材に関する質問ができると便利です。デザインを気に入っている場合は Do you have the same design in ～?（～で同じデザインはありますか？）の in～の～には「色」や「サイズ」を入れて自由自在に使えます。衣服だけでなく、靴、指輪などにも使えます。

CD2 02

Excuse me. Could you help me?

Could you は「クッジュー」がネイティブ発音です。

Do you have this T-shirt in a small?

T-shirt は「ティーシャー(ッ)」がネイティブ発音です。

Yes. I'll get one right away from the stock room.

get は「持ってくる」、stock room は「倉庫、在庫室」。

Do you have this blazer in white?

blazer は「ブレイザー」がネイティブ発音。

We're sorry, but we're out of stock right now.

be out of stock は「在庫を切らせる」。

What material is this sweater made of?

What is this sweater made of? でも OK。material は「素材」です。

It's made of acrylic. It's machine-washable.

be made of ～（～からできている）は見た目から素材がわかりやすい場合。

UNIT 52 服屋②

自分のサイズがわからない

このワイシャツが気に入っているのですが、自分のサイズがわからないです。
▶ I like ~.

私のサイズを測っていただけませんか？
▶ Could you ~?

測らせていただきますね。
あなたのサイズはMです。
▶ Let me ~.

ありがとう。
ところで、これは形状記憶シャツですか？
▶ By the way, ~?

～と合う

このワイシャツと合うネクタイを探しているのですが。
▶ I'm looking for ~.

この赤いネクタイはいかがですか？
100％シルクです。
▶ How about ~?

申し訳ないですが、私には派手すぎます。
▶ I'm sorry, but ~.

旅行英会話の**カギ**

海外での衣類の買い物はサイズの表示方法で迷うことも多いです。ジャケットなどは簡単に試着できますが、ワイシャツは試着できないこともあるので、Could you measure me? と聞いて、サイズを測ってもらいましょう。

CD2 03

I like this dress shirt, but I don't know my size.

dress shirt は「ワイシャツ」のことです。「ワイシャツ」は和製英語。

Could you measure me?

「測る」は measure です。

Let me measure you. Your size is medium.

Let me measure 〜. の〜に your waist や bust、shoulder など入れ換え自由自在。

Thanks. By the way, is this a shape memory shirt?

shape memory は「形状記憶」です。

I'm looking for a necktie that goes with this dress shirt.

go with 〜 は「〜と合う」です。

How about this red necktie? It's 100% silk.

How about 〜（名詞）？（〜はいかがですか）は応用自由自在。

I'm sorry, but it's too flashy for me.

「派手な」は flashy、「地味な」は plain です。

第5章 買い物編

UNIT 53 服屋 ③

試着して買う

何にでも合うジャケットを探しています。
▶ I'm looking for ～.

この紺色のジャケットはいかがですか？
このデザインは定番です。
▶ How about ～?

このデザインが好きです。
試着してもよろしいですか？
▶ May I try ～?

いいですよ。どうぞこの大きな鏡を
お使いください。
▶ Please use ～.

ありがとう。サイズはピッタリだわ。
どうかしら？
▶ This fits ～.

紺のジャケットがとてもお似合いですよ！
▶ You look great ～!

ありがとう。これにしますよ。
▶ I'll take ～.

旅行英会話の**カギ**

I'm looking for ～ that goes with….（…に合う～を探しています）は、～と…にいろいろな名詞を入れ換えて自由に使えます。May I try ～ on?（試着してもよろしいですか？）の～には it、this、them などを入れます。

I'm looking for a jacket that goes with anything.

go with ～（～と合う）と match は同じ意味です。

How about this navy blue one? This design is the standard.

イギリス英語では It's a classic design. です。

I like this design. May I try it on?

「それを試着する」は try it on です。

OK. Please use this big mirror.

Thanks. This fits fine. How do I look?

This is just right. も「ピッタリだわ」を意味する。

You look great in this navy blue jacket!

look great の k は脱落して「ルッグレイ(ト)」、jacket は「ジャキッ(ト)」。

Thanks. I'll take it.

I'll buy it. や Please give me this. は不自然なので言わないように。

第5章 買い物編

141

UNIT 54 服屋 ④

試着する

すみません。このワンピースを試着したいのですが。
▶ I'd like to ~.

試着室はどこですか？
▶ Where is ~?

レジの隣です。試着室までお連れしましょう。
▶ It's next to ~.

サイズが合わない

お気に召しましたか？
▶ How do ~?

これは私には少し大きすぎます。
▶ This is ~.

腰の周りが緩いです。
▶ It's loose around ~.

このワンピースでもっと小さなサイズはありますか？
▶ Do you have ~?

旅行英会話の**カギ**

I'd like to try on ～. や Can I try on ～? の使い方を覚えましょう。～には具体的に服、靴、帽子、指輪など試着したいものを入れましょう。It's loose around the ～.（～の周りが緩い）や It's tight around the ～.（～の周りがきつい）の ～ に waist、neck、shoulder などを入れ換えて使いこなせるようになりましょう。

CD2 05

Excuse me. I'd like to try on this dress.
「ワンピース」は和製英語です。英語で「ワンピース」は dress です。

Where is the fitting room?
「試着室」は fitting room です。outfit room は「更衣室」です。

It's next to the cashier. I'll show you to the fitting room.
next to は [t + t] で前の t が脱落し、「ネキスト(ゥ)」。

How do you like it?
どんなお店でもよく使われるフレーズ。like it は「ライキッ(ト)」がネイティブ発音。

This is a little bit too big for me.
little bit は「リトウビッ(ト)」語尾の t は脱落です。

It's loose around the waist.
around ～の～に neck、shoulders など入れ換え自由自在。

Do you have this dress in a smaller size?
Can I have one size smaller, please? でも OK です。

143

UNIT 55 服屋 ⑤

寸法を直したい

袖が長すぎます。短くできますか?
▶ The sleeves 〜.

もちろんですよ。このお店には仕立て屋さんがありますから。
▶ We have 〜.

寸法直しの時間と値段は?

寸法直しにどれくらい時間がかかりますか?
▶ How long 〜?

1時間くらいかかります。
▶ It'll take 〜.

お直しはおいくらですか?
▶ How much 〜?

20ドルくらいです。
▶ It'll 〜.

わかりました。2時間後に戻ってきます。
▶ I'll be 〜.

旅行英会話の**カギ**

海外旅行先で気に入ったデザインの服があったのに、どのサイズも合わない。そんな時は寸法直しをしてでも購入したいですね。価格とお直しの時間は必ず聞きましょう。ここでは How long will it take to ＋動詞原形？と How much will ＋名詞＋ cost? の形を定着させましょう。

CD2 06

The sleeves are too long. Can you shorten them?

「短くする」は shorten、「長くする」は lengthen です。

Of course. We have a tailor in this shop.

「仕立て屋」は tailor です。

How long will it take to make alterations?

make alterations は「寸法直しをする」。

It'll take about an hour.

It'll は「イトゥル」がネイティブ発音です。

How much will an alteration cost?

「お直し」は alteration です。

It'll cost about $20.

OK. I'll be back in two hours.

in ～ hours は「～時間後」です。

UNIT 56 靴屋 ①

つま先が痛い

日本ではサイズは24を履いているのですが、アメリカのサイズはわかりません。
▶ I usually ~.

サイズ7が良いと思います。
これを履いてみてください。
▶ I think ~.

ありがとう。つま先が少し痛いです。
▶ They're ~.

ヒールが低い幅広の靴がほしい

(もっと)ヒールが低い幅広の靴はありますか？
▶ Do you have ~?

この靴はいかがでしょうか？
▶ How about ~?

茶色は好きじゃないです。
このデザインで黒い靴はありますか？
▶ I don't like ~.

申し訳ございませんが、
このデザインで黒い靴は今朝売り切れました。
▶ this design in black ~.

旅行英会話の**カギ**

旅先で歩きすぎて靴擦れ(blister)ができたら、さあ大変！ これはピンチだ！ と靴屋さんに駆け込むことも多いですね。しかし、アメリカサイズと日本サイズは違うので、合わない靴でpinchにならないようにしましょう。服屋さんの復習フレーズでDo you have this size (design) in+ 色? も言えるようになりましょう。

I usually wear size 24 in Japan, but I'm not familiar with American sizes.

be familiar with ～は「～に詳しい、わかる」です。

I think size 7 will do. Try these on.

～ will do. は「～が良い、目的を果たす」です。～に名詞を入れ換え自由自在。

Thanks. They're pinching my toes a little.

pinch は「靴などがきつくて痛い」を意味する。「つま先」は toe です。

Do you have EEE shoes with a lower heel?

「幅の広い靴」は EEE shoes で、「ヒールが低い靴」は shoes with a low heel です。

How about this pair?

this pair は this pair of shoes の省略形です。

I don't like brown. Do you have this design in black?

Do you have this design in ＋色？の形です。

We're sorry, but this design in black was sold out this morning.

be sold out は「売り切れる」です。

UNIT 57 靴屋②

ピッタリの靴がほしい

このフラットシューズは少し大きいです。
▶ These flat shoes ~.

中敷きを入れてみたらどうでしょうか？
▶ How about ~?

ピッタリの靴が欲しいです。
▶ I want shoes ~.

新しい靴を履いて帰りたい

この新しいランニングシューズは履き心地がいいです。
▶ I feel ~.

今からすぐに履きたいのですが。
▶ I'd like to ~.

古い靴を処分してくださいませんか？
くたびれています。
▶ Could you ~?

いいですよ。リサイクルセンターに持って行きます。
▶ We'll ~.

旅行英会話の**カギ**

靴は必ず履いてみて I feel comfortable in these shoes! と満足のいく靴を選びましょう。I feel comfortable in ～.（～は着心地が良い）の ～には jacket、pants、coat、dress など入れ換え自由自在。旅先で靴擦れ (blister) ができてつらいときには、I'd like to wear them straight away.（すぐに履きたいのですが）を使いましょう。

CD2 08

These flat shoes are a little too big for me.

flat shoes は平底の靴のことで「フラッ(ト)シューズ」と発音。t 音は脱落。

How about using insoles?

How about ～ ing? の提案文は～を入れ換え自由自在。insole は「中敷き」。

I want shoes that fit me perfectly.

「I want ＋名詞＋ that fit(s)」の名詞を入れ換え自由自在。

I feel comfortable in these new running shoes.

in ～は「～を履いて」を意味する。

I'd like to wear them straight away.

wear は「履いている」状態、put on は「一時的に着用する」動作。

Could you dispose of my old shoes? They are worn out.

dispose of ～は「～を処分する」、be worn out は「くたびれている」。

OK. We'll take them to a recycling center.

take は「持っていく」、bring は「持ってくる」です。

第5章 買い物編

UNIT 58 ジュエリーショップ

左から2番目が見たい

左から2番目の指輪を見てもよろしいですか？
▶ Can I ～?

こちらでございます。はめてみられますか？
▶ Here you ～.

ありがとう。
実は、指輪の石が好きではないです。
▶ I don't like ～.

右から3つ目の指輪をはめてみたいです。
▶ I'd like to ～.

24金？18金？

これは24金の指輪ですか？
▶ Is this ～?

いいえ、これは18金です。
▶ this is ～.

この指輪に鑑定書はついていますか？
▶ Does this ring ～?

旅行英会話の**カギ**

服屋さんや靴屋さんで学習した try on（試してみる）を使いこなせるようになりましょう。18金だと思って購入したら10金だったり…、人件費が安い国では確かに日本より安く購入できるのですが Does this ring have a certificate?（鑑定書がついてますか？）と聞き、certificate「鑑定書」をじっくり見ましょう。

CD2 09

▶▶ Can I see the second ring from the left?
「左から」は from the left です。

▶▶ Here you are. Would you like to try it on?
try it on は服を試着するときだけでなく、アクセサリーを付けてみるときにも使える。

▶▶ Thanks. Actually, I don't like this gemstone on the ring.
gemstone は「宝石用原石」です。

▶▶ I'd like to try on the third one from the right.
「右から〜番目の物」は「the + 序数詞 + one from the right」です。

▶▶ Is this a 24-carat ring?
語尾の g を日本語の「グ」のように発音せず「ン(グ)」と鼻から音を出しましょう。

▶▶ No, this is an 18-carat ring.
carat ring は「キャラッリン(グ)」に聞こえます。

▶▶ Does this ring have a certificate?
「鑑定書」は certificate で、「サーティフィキッ(ト)」と発音。

UNIT 59 アクセサリー・時計

指輪に文字を刻みたい

この指輪の裏に文字を刻めますか？
▶ Can you ~?

はい。10文字までなら5ポンドでございます。
▶ It's ~.

ペアリングで男性用はありますか？
▶ Do you have ~?

限定版がほしい

ロンドン限定盤の時計XXを購入したいのですが。
▶ I'd like to ~.

こちらが最後の1点でございます。
お買い上げいただく価値はあります。
▶ This is ~.

わ～！ やっと見つけられたわ！
はめさせてもらってもいいですか？
▶ I've found ~!

ちょっと緩いです。つめてもらえますか？
▶ It's ~.

旅行英会話の**カギ**

新婚旅行の人、恋人のお土産に、また旅行の思い出に、とペアリングやペアウォッチを購入する人も多いのでは？ Can you engrave some letters?（文字を刻んでくれませんか？）は時計、ペンダントなどいろいろな物に文字を刻んでもらう場合の依頼表現。海外では日本では購入できない limited edition〜を手に入れたいですね。「〜の限定版」も使えるようになりましょう。

Can you engrave some letters inside this ring?

engrave は「刻む」、letter は「文字」です。

Yes. It's £5 for up to 10 letters.

up to 〜は「〜まで」です。

Do you have a matching ring for men?

「ペアリング」は matching ring です。

I'd like to purchase a limited edition XX watch in London.

「限定版」は limited edition です。

This is the last one. It's worth the money.

「最後の1点」は the last one です。

Wow! I've found one at last! Could I try it on?

Could I 〜? は Can I 〜? よりも丁寧に許可を求める表現。

It's a little bit loose. Could you tighten it?

「きつくする＝つめる」は tighten です。形容詞 tight に en を付けて動詞になる。

UNIT 60 化粧品店 ①

ブランドの化粧品があるか

シャネルの化粧品はありますか？
▶ Do you have ~?

申し訳ございませんが、シャネルの化粧品は扱っておりません。
▶ we don't carry ~.

敏感肌用の日焼け止めがほしい

顔用の日焼け止めクリームを探しています。
▶ I'm looking for ~.

私の肌は敏感肌です。
▶ My skin is ~.

敏感肌用のこの日焼け止めローションをおすすめしますよ。
▶ I recommend ~.

シミやそばかすを隠したい

シミ、そばかすを隠す特別なクリームはありますか？
▶ Do you have ~?

はい。これが一番人気のあるコンシーラーです。
▶ this is the most ~.

旅行英会話の**カギ**

We don't carry Chanel. (シャネルの化粧品は扱っておりません) と応対されて、在庫があるなら運んできてくれたらいいのに、と思いました。carry「取り扱う」の意味を覚えましょう。シミ (age spot) や目の下のクマ (dark circles under one's eyes) を隠すコンシーラーは人気があります。サンプルは Could you give me a sample? とお願いしましょう。

CD2 11

Do you have any Chanel cosmetics?

cosmetics は「カズメティックス」と発音。

I'm sorry, but we don't carry Chanel.

carry はこの場合、「取り扱う」です。

I'm looking for sunscreen cream for my face.

「日焼け止め」は sunscreen です。

My skin is sensitive.

dry (乾燥している)、oily (油っぽい)、sensitive (敏感な) を覚えましょう。

I recommend this sunscreen lotion for sensitive skin.

きれいに日焼けしたいなら suntan lotion (日焼けローション) です。

Do you have a special cream to cover age spots?

age spot は「シミ、そばかす」です。

Yes, this is the most popular concealer.

concealer の動詞の conceal は「隠す」を意味します。

UNIT 61 化粧品店②

ファンデーションがほしい

粉っぽくないファンデーションを探しています。
▶ I'm looking for 〜

このウォータープルーフ（水に強い）ファンデーションをおすすめします。
▶ I recommend 〜.

これを使ったことがありますが、肌に合いません。
▶ I've used 〜.

香水がほしい

香水を探しています。一番人気のある香水はどれですか？
▶ I'm looking for 〜.

私の予算は20ポンドから30ポンドまでです。
▶ My price range 〜.

この花の香りのする香水をお勧めします。
▶ I recommend 〜.

香りがきつすぎます。もっと優しい香りか、果物の香りのする物はありますか？
▶ It's too 〜.

旅行英会話の**カギ**

ここまで学習して、お買い物では、「何を探しているか？」具体的には「デザイン」「色」「素材」を言えるようになりましたね。My price range is from 〜 to ….の〜や…に金額を入れて「私の予算は〜から…です」を身に付けましょう。

CD2 12

I'm looking for a foundation cream that isn't cakey.

「粉っぽい」は cakey を意味します。

I recommend this waterproof foundation.

「水に強い」は waterproof です。fireproof は「耐火性の」です。

I've used this one, but it doesn't agree with my skin.

agree with 〜は「〜に合う」を意味します。

I'm looking for a perfume. What's the most popular one?

「香水」は perfume です。

My price range is from £20 to £30.

price range は「価格帯＝予算」です。

I recommend this floral perfume.

floral は「花の香りのする」です。

It's too strong. Do you have a milder one or a fruity one?

strong は「きつい」、milder は「優しい」を意味します。

第5章 買い物編

UNIT 62 土産物屋 ①

〜ならではのものがほしい

オーストラリアならではの何かを探しています。
▶ I'm looking for 〜.

このコアラのぬいぐるみはいかがですか？
▶ How about 〜?

かわいい！ オーストラリア製ですか？
日本のコアラはいらないわ。
▶ How 〜!

ここにオーストラリア製と書いてありますよ！
▶ It says 〜!

贈答用に包装してほしい

今なら30ドルです。お買い得ですよ。
▶ This is now 〜.

これにします。贈答品用に包装してくれますか？
▶ I'll 〜.

それから、値札を外すのを忘れないでくださいね。
▶ please don't forget 〜.

旅行英会話の**カギ**

I'm looking for something + 形容詞 を身に付けましょう。例えば I'm looking for something compact and light. は重たい物を持って帰りたくない人にはおすすめのフレーズ。海外では値札を外してくれないことも多いので Please don't forget to take off the price tag.（値札を外すのを忘れないでくださいね）とお願いしましょう。

CD2 13

I'm looking for something unique to Australia.

unique to 〜は「〜に特有の」。

How about this stuffed toy koala?

「ぬいぐるみ」は stuffed toy です。

How cute! Is this made in Australia? I don't want a Japanese koala.

お土産は「made in + 国名」に注意しよう。

It says here it's made in Australia!

say は「書いてある」を意味します。

This is now $30. It's a good buy.

It's a good buy. は商品を勧める場合のお決まりフレーズ。

I'll take it. Can you gift-wrap it?

gift-wrap は「贈答用に包装する」。

And please don't forget to take off the price tag.

take off 〜は「〜を外す」です。

第5章 買い物編

UNIT 63 土産物屋②

民芸品の意味は？

この木彫りのキーホルダーは何を意味しますか？
▶ What does ~?

平和を象徴します。
▶ It symbolizes ~.

2つで安くしてほしい

2つ買ったら安くしてくれますか？
▶ Can you give ~?

そうですね。2つで10ドルにいたしましょう。
▶ I'll make ~.

それに決めます

5個買うといくらになりますか？
▶ How much ~?

5個購入してくだされば、20ドルです。
▶ If you ~.

それに決めるわ。袋も5枚もらえますか？
▶ Can I ~?

旅行英会話の**カギ**

値切り交渉を楽しみましょう。英会話初心者の頃 Make it cheaper. を連発していたものです。Can you give me a discount? とカッコよくキメましょう。How much will it be for 〜?（〜個買うといくらですか？）を身に付けましょう。It's a deal. は「それに決める！」の定番フレーズなのでカッコよくキメましょう。

CD2 14

What does this wooden key holder symbolize?

What does this symbolize? でもOK。symbolize は「意味する」です。

It symbolizes peace.

名詞 symbol「スィンブゥ」に ize をつけて symbolize です。

Can you give me a discount if I buy two items?

two items の two を入れ換えて応用自由自在です。

Let me see. I'll make it $10 for two.

「make it ＋ 金額 ＋ for ＋ 個数」を覚えましょう。

How much will it be for five?

「How much will it be for ＋ 個数？」です。

If you buy five, I'll make it $20.

「make it 〜（金額）」(it を〜（金額）にする) の金額を正確に聞き取りましょう。

It's a deal. Can I have five bags?

袋 (bag) は1枚しかくれない場合が多いのでリクエストしましょう。

第5章 買い物編

UNIT 64 スーパー ①

チョコレートはどこ？

すみません、チョコレート売り場はどこにありますか？
▶ where can I find ～?

チョコレート売り場は次の通路、通路3の手前にあります。
▶ The chocolate section is at ～.

ビタミン剤と歯磨き粉はどこ？

すみません、ビタミン剤と歯磨き粉はどこで購入できますか？
▶ where can I find ～?

2番通路の健康用品売り場にあります。
▶ They're in ～.

私はその売り場を担当しています。お連れしますよ。
▶ I'm in charge ～.

青果売り場はどこ？

青果売り場を探しているんですが。
▶ I'm looking for ～.

1番通路ですよ。オレンジは50％割引です。
▶ It's in aisle ～.

旅行英会話の**カギ**

スーパーマーケットの食料品や生活用品雑貨を眺めていると、現地の人 (locals) の生活を見ることができますね。スーパーマーケットであなたの英語を試してみましょう。各売り場は〜 section、場所は aisle 〜です。
Where can I find 〜? と I'm looking for 〜. を身に付けましょう。

CD2 15

▶▶ **Excuse me, where can I find the chocolate section?**

　chocolate の発音は「チョークリット」です。

▶▶ **The chocolate section is at the front of the next aisle, aisle three.**

　at the front of 〜は「〜の手前に」。

▶▶ **Excuse me, where can I find vitamins and toothpaste?**

　アメリカ英語では vitamin は「ヴァイタミン」、イギリス英語では「ヴィタミン」。

▶▶ **They're in aisle two, in our health goods section.**

　「健康用品売り場」は health goods section です。

▶▶ **I'm in charge of that section. I'll show you there.**

　「〜を担当する」は be in charge of 〜です。

▶▶ **I'm looking for the produce section.**

　「青果売り場」は produce section です。

▶▶ **It's in aisle one. Oranges are 50% off.**

　「通路」は aisle です。

第5章 買い物編

UNIT 65 スーパー②

クーポンが使えない

すみませんが、このクーポンはお使いになれません。
▶ we don't ~.

なぜ使えないのですか？
▶ How come ~?

このクーポンはこのお店の物ではなく、他のお店の物ですよ。
▶ This coupon is ~.

ビニール袋がほしい

紙袋ですか、ビニール袋ですか？
▶ Paper ~?

ビニール袋をお願いします。
▶ Plastic, ~.

レシートをもらう

レシートは袋の中にお入れしましょうか？
▶ Would you ~?

私にください。ありがとう。
▶ I'll ~.

旅行英会話の**カギ**

アメリカでは coupon を使うと節約できます。レジで Paper or plastic? と聞かれて何のことだかわからなかったり、レジ係は早口で話すので意味がわからず Yes. と答えている人も多いのでは？ Plastic は plastic bag (ビニール袋) の略。vinyl bag (ビニール袋) は和製英語です。

I'm sorry, but we don't accept this coupon.

accept は「認める」。accept の代わりに take でも OK です。

How come you don't accept this?

How come? だけでも OK です。「How come ＋ 主語 ＋ 動詞」も覚えよう。

This coupon is not for our store, but for a different store.

この場合「別の＝違う」で different です。

Paper or plastic?

Would you like a paper bag or a plastic bag? の省略形がレジでは使われる。

Plastic, please.

plastic は plastic bag (ビニール袋) の省略形です。

Would you like the receipt in the bag?

receipt は「レシー(ト)」です。語尾の t 音は脱落。

I'll take it. Thanks.

Thanks. の th は舌の先を軽く噛んで発音しましょう。

第5章 買い物編

UNIT 66 交換・返品

返品したい

このチョコレートは賞味期限を過ぎています。払い戻してもらえますか？
▶ This chocolate is ~.

申し訳ございません。現金で払い戻しさせていただいてもよろしいですか？
▶ We're sorry about ~.

シミがついている

このTシャツにシミがついています。返却したいです。払い戻しできますか？
▶ This T-shirt ~.

大変申し訳ございません。クレジットカードのお支払いをキャンセルさせていただきます。
▶ We'll cancel ~.

差額のある商品の交換

この半袖とこの長袖のセーターを交換してもらえますか？
▶ Can you exchange ~?

これがレシートです。差額は現金で支払います。
▶ I'll pay ~.

確認させてください。20ドルです。
▶ Let me ~.

旅行英会話の**カギ**

Can you give me a refund?（払い戻してもらえますか？）や Can you exchange A for B?（AをBに交換してくれますか？）を身に付けましょう。「返品する」は return、「返金する、返金」は refund、「AとBを交換する」は、exchange A for B です。店員が Do you have a receipt? と聞いてくる前に Here's the receipt. と言ってレシートを提示しましょう。

CD2 17

This chocolate is past its eat-by date. Can you give me a refund?

「賞味期限」は eat-by date です。

We're sorry about that. May we pay you back in cash?

「現金で払い戻す」は pay back in cash です。

This T-shirt has a stain. I'd like to return it. Can you give me a refund?

「シミ」は stain です。

We're really sorry about that. **We'll cancel** your credit card payment.

語尾に l がある時は「ゥ」に近い音になり、cancel「キャンセゥ」がネイティブ発音。

Can you exchange this short sleeve sweater for this long sleeve sweater?

「半袖」は short sleeve、「長袖」は long sleeve です。

Here's the receipt. **I'll pay** the difference in cash.

「差額」は difference で OK。the difference in price というとより丁寧。

Let me check that. OK, $20, please.

Let me check that. はいつでもどこでも使える便利な表現です。

第5章 買い物編

167

UNIT 67 免税手続き

免税手続きの書類がほしい	免税手続きをするための書類が必要です。	▶ I need a form 〜.
	これが税金払戻用紙で、これが申込書です。	▶ Here's a tax refund form 〜.
免税手続きをする	免税手続きをしたいのですが。	▶ I'd like to 〜.
	パスポートと書類と帰りの航空券と購入した商品です。	▶ Here's my 〜.
クレジットカードで払い戻す	OKです。あなたの書類に判を押しました。ポンドで払い戻したいですか？	▶ We've stamped 〜.
	クレジットカードに払い戻してくれませんか？	▶ Could you refund it 〜?
	この用紙に記入して書類を郵送してください。	▶ Please fill in 〜.

旅行英会話の**カギ**

"Tax Free Shopping" マークのお店で、ある一定金額以上の買い物をした場合、VAT 払い戻しの為の書類をもらいましょう。書類を作成してもらって、例えばイギリスなら空港の VAT コーナーで、承認印をもらえば返金してもらえます。手荷物検査後に専用書類を投函しましょう。

CD2 18

I need a form to apply for a tax refund.

apply for 〜は「〜に申し込む」、tax refund は「税金払い戻し」です。

OK. Here's a tax refund form and here's an application form.

「税金払戻用紙」は tax refund form です。

I'd like to apply for a tax refund.

I'd like to 〜は I want to 〜の丁寧表現。

Here's my passport, documents, return ticket and purchased goods.

「購入品」は purchased goods です。

OK. We've stamped your documents. Do you want the refund in pounds?

Could you refund it to my credit card?

credit card は t と d が脱落して「クレディ(ッ)カー(ド)」。

Please fill in this form and send the documents by mail.

by mail は「郵送で」を意味します。

第5章 買い物編

買い物の単語

	お店
靴売り場	shoe department
スポーツ用品店	sporting goods store
食料品店	grocery store
食器店	tableware shop
文具店	stationery store
骨とう品店	antique store
酒店	liquor store
酒店 *イギリスで認可されている酒屋	off-licence
民芸品店	folk craft shop
土産物屋	souvenir shop
	服
既製服	ready-made
あつらえ服	order-made
裏地	lining
裾	hem
半袖	short sleeve
長袖	long sleeve
七分袖	three-quarter sleeve
麻	linen
カシミヤ	cashmere
合成皮革	synthetic leather
ムートン	sheepskin
薄手	thin
厚手	thick
無地	plain
刺繍のある	embroidered
水玉模様	polka dot
正装用のシャツ	dress shirt
ストッキング	pantyhose
	その他
かかとの高さ	heel height
靴ひも	shoelace
小型軽量のバックパック（デイバッグ）	daypack
キャリーバッグ	roller bag

第6章

交通・観光編

旅行といえば観光！
でも、「自分がいる場所がわからない…」
「どこの道を行けばいいかわからない…」
なんてことはよくあります。
美術館や1日ツアーで使えるフレーズから、
観光場所にたどりつくまでの
交通関係のフレーズを
覚えましょう。

UNIT 68 CD2 **Track 19**
▼
UNIT 81 CD2 **Track 32**

UNIT 68 道案内 ①

地図に印をつけてほしい

すみません。道に迷ったと思うのですが。私はこの地図ではどこにいますか？
▶ I think ~.

この地図に印をつけていただけませんか？
▶ Could you place ~?

いいですよ。あなたは今メープルストリートにいます。どこに行きたいのですか？
▶ You're on ~.

道順を教えてほしい

レインボー劇場に行く道を教えていただけませんか？
▶ Could you tell ~?

この道をまっすぐ行って2つめの交差点を右に曲がってください。
▶ Go straight on ~.

劇場は市庁舎を通り過ぎた左側にあります。
▶ The theater is ~.

すぐにわかりますよ。
▶ You can't ~.

旅行英会話の**カギ**

ロンドンで道に迷った時に親切なおばあさんが May I help you? と話しかけてきてくれて、I happen to be going in the same direction. と言って Harrods まで案内してくれた嬉しい思い出があります。私は旅行先で I don't have any sense of direction. (方向感覚がない) なのでいつも地図を持ち歩き、Could you place a mark on this map? を連発しています。

CD2 19

▶▶ **Excuse me. I think I'm lost. Where am I on this map?**

　be lost は「道に迷っている」です。

▶▶ **Could you place a mark on this map?**

　「〜に印をつける」は place a mark on 〜 です。

▶▶ **OK. You're on Maple Street. Where do you want to go?**

　on 〜 Street は「〜ストリートに」。

▶▶ **Could you tell me the way to the Rainbow Theater?**

　teach は「伝授する」、show は地図を書いてもらったり同行してもらう時に使う。

▶▶ **Go straight on this street and turn right at the second intersection.**

　「まっすぐ行く」go straight on、「右に曲がる」turn right、「交差点」intersection。

▶▶ **The theater is on the left just past the City Hall.**

　on the left は「左側に」。

▶▶ **You can't miss it.**

　「すぐにわかる」のお決まりフレーズ。miss は「見落とす」です。

第6章　交通・観光編

UNIT 69 道案内②

～ストリートはどこ？

コモンウェルスストリートはどこですか？
▶ Where is ～?

2ブロック向こう側です。
まっすぐ2ブロック進んでください。
▶ It's two blocks ～.

レストランに行く道を教えてほしい

レストラン「インディアンカレー」に行く道を教えてくれませんか？
▶ Could you ～?

いいですよ。最初の信号を渡って左に曲がってください。
▶ Cross the first ～.

そして約5分間歩いてください。今までのところ、わかりますか？
▶ And walk ～.

目印は何？

はい。レストランの近くに何か目印はありますか？
▶ Is there ～?

道路を隔てて中央郵便局の向かい側にあります。
▶ It's across ～.

旅行英会話の**カギ**

初心者の頃、道を尋ね、I'm a stranger around here. (このあたりはよく知りません) と返答されました。stranger の意味を「変な人」としか知らなかった私は「変な人」と思いました。また、学校英語で「右折する」は turn right、「左折する」は turn left しか知らなかった私は、Make a right. Make a left. を使って説明されて戸惑った思い出があります。

CD2 20

▶▶ **Where is Commonwealth Street?**

> 「Where is + 名詞？」は場所を尋ねるのに、簡単で便利な表現です。

▶▶ **It's two blocks away. Go straight that way for two blocks.**

> away は「離れている」、go straight は「まっすぐ進む」。

▶▶ **Could you direct me to the Restaurant Indian Curry?**

> direct A to B は「AにBへの道を教える」を意味します。

▶▶ **OK. Cross the first traffic signal and make a left.**

> cross は「渡る」です。make a left は「左に曲がる」。

▶▶ **And walk about five minutes. Are you with me so far?**

> Are you with me? は道案内だけでなく、相手の理解の確認の万能表現。

▶▶ **Yes. Is there a landmark near the restaurant?**

> 「目印」は landmark です。

▶▶ **It's across the street from the Central Post Office.**

> across from 〜 で「〜の向かい側に」を表します。

第6章 交通・観光編

UNIT 70 タクシー①

～まで お願い します

- どちらに行かれますか？
  ▶ Where ~?

- この住所の熱帯水族館へ連れて行ってください。
  ▶ To this ~.

運賃は？

- ところで、運賃はいくらですか？
  ▶ how much ~?

- 15ドルくらいです。
  ▶ It'll ~.

途中で 降ろして ほしい

- 途中で１カ所止まってくださいませんか？
  ▶ Could you make ~?

- わかりました。どこがいいでしょうか？
  ▶ Where do you ~?

- 私をメアリーブティックで数分だけ降ろしてください。
  ▶ Please drop ~.

旅行英会話の**カギ**

タクシーに乗ったらドライバーに行き先を告げると共に、料金と、場合によっては移動時間も How long does it take? と確認しましょう。料金交渉し、決めた料金を手帳に書き留めます。行き先は、Take me to this address. と住所を見せるのが一番。目的地以外に、例えば2カ所で止まってほしい場合は Could you make two stops on the way? とお願いします。

Where to?
Where would you like to go? の省略形です。

To this address, please: the Tropical Aquarium.
「水族館」は aquarium で「アクエーリアム」と発音します。

By the way, how much will the fare be?
「運賃」は fare です。taxi fare は「タクシー運賃」、air fare は「航空運賃」。

It'll be about $15.
15は「フィフ**ティーン**」はティーンを強く発音。50と発音し間違えないように。

Could you make one stop on the way?
make one stop on the way は「途中で1カ所止まる」。

Sure. Where do you want to stop off?
stop off は「途中下車する」です。

Please drop me off at the Mary Boutique for a few minutes.
「drop 〜 off at …」は「〜を…で降ろす」です。

第6章 交通・観光編

UNIT 71 タクシー②

おつりは取っておいて

熱帯水族館に到着しました。
25ドルです。
▶ Here we are ~.

ありがとう。おつりは取っておいてください。
▶ Please keep ~.

迎えに来てほしい

明日午前11時の飛行機に乗ります。
▶ We're taking ~.

午前8時に迎えに来てくださいませんか？
▶ Could you ~?

道路が混み合っているので7時半に
お迎えに上がってもいいですか？
▶ The traffic ~.

2ドル返してほしい

高速料金を含んで合計40ドルです。
▶ The total ~.

50ドルです。2ドル返してもらえますか？
残りはとっておいてください。
▶ Can I have ~?

旅行英会話の**カギ**

信頼できるタクシーの運転手に出会ったら次の予約を入れるのも良いでしょう。慣れたタクシー運転手は交通、空港事情に詳しいので的を射たアドバイスがもらえます。Can I have 〜 dollars back? (〜ドル返してもらえますか？)はタクシーだけでなく、色んな精算の場面で使えます。これを言わないとチップと思って全額受け取られてしまうこともあります。

CD2 22

Here we are at the Tropical Aquarium. That's $25.

🔑「Here we are at + 場所」は到着したときのお決まりフレーズ。

Thank you. Please keep the change.

🔑 change（おつり）は不可算名詞なので複数にはしません。

We're taking the 11 o'clock flight tomorrow morning.

🔑 近い確実な未来を言う時は現在進行形を使います。

Could you pick us up at 8 a.m.?

🔑「pick + 人 + up」は「人を車で迎えに行く」です。

The traffic is heavy, so shall I come to pick you up at half past seven?

🔑 Shall I 〜？は「〜しましょうか」の申し出。 **例** Shall I take your picture?

The total is $40, including the highway tolls.

🔑 total は l の音は上の歯茎の下に舌を置いて「トータ(ゥ)」と発音。

Here's $50. Can I have two dollars back? Please keep the rest.

🔑 Can I have two dollars back? の代わりに Two dollars back. でも OK です。

UNIT 72 バス①

目的地までの停留所の数は？

ワールド動物園に行きたいのですが。どのバスに乗れば良いですか？
▶ I'd like to ~.

あちらの5番のバスに乗ってください。
▶ You should ~.

ワールド動物園まではいくつバス停がありますか？
▶ How many stops ~?

6番目の停留所ですよ。路線図をどうぞ。
▶ It's the ~.

ワールド動物園に到着したら教えてください。
▶ Please let me ~.

小銭がない

つり銭なきよう、お願いします。
▶ Exact ~.

小銭がないのです。くずしてもらえますか？
▶ I don't have ~.

旅行英会話の**カギ**

景色を楽しめるのがバス利用のメリット。不慣れな土地では Please let me know when we get to 〜. (〜に到着したらお知らせください)とお願いすると安心ですね。バス乗車前にどこかで Could you break this? (小銭にくずしてもらえますか?)と必ず小銭 (small change) を用意しましょう。How many stops are there to + 目的地? も身に付けましょう。

CD2 23

I'd like to go to the World Zoo. Which bus should I take?

Which + 名詞 + should I take? の名詞は train など入れ換え可。

You should take the number five bus over there.

over there は「向こうで」。

How many stops are there to the World Zoo?

How many stops are there to + 目的地? は電車にも使えます。

It's the sixth stop. Here's a route map.

「路線図」は route map です。

Please let me know when we get to the World Zoo.

乗り過ごさないようにバスの運転手さんにお願いしましょう。

Exact change, please.

exact は「正確な」、exact change は「ピッタリのお金」です。

I don't have any small change. Could you break this?

Could you break 〜? の応用可。**例** Could you break a 20-dollar bill?

第6章 交通・観光編

UNIT 73 バス②

バスが正しいか		トロピカルガーデン行きの正しいバスに乗っていますか？
		▶ Am I on ～?

	いいえ、このバスは市庁舎行きです。
	▶ this bus is ～.

バスを乗り間違えた		あ～なんてことだ。間違ったバスに乗りました。どうすればいいですか？
		▶ I took the ～.

	次の駅で下車してください。
	▶ You'd better ～.

	それからキングスタジアム前のルート11に乗り換えてください。
	▶ And transfer to ～.

キングスタジアムはどこ?		キングスタジアムはどこにありますか？
		▶ Where is ～?

	次のバス停の道路を隔てて向かい側です。
	▶ It's across ～.

旅行英会話の**カギ**

I took the wrong bus.（違うバスに乗りました）のフレーズは bus を train に言い換え可能です。Am I on the right bus for ～?（～行きの正しいバスに乗っていますか?）、Am I on the right train for ～?（～行きの正しい列車に乗っていますか?）も身に付けましょう。

▶▶ **Am I on the right bus for the Tropical Garden?**

> Am I on the right ～? の～は road、bus、train など入れ換え自由自在です。

▶▶ **No, this bus is for the City Hall.**

>「市庁舎」は City Hall です。

▶▶ **Oh, no. I took the wrong bus. What should I do?**

>「間違ったバス」の wrong bus の wrong を long と発音し間違えないように。

▶▶ **You'd better get off at the next stop.**

> You'd better は You had better ～.（あなたは～した方が良い）の省略形です。

▶▶ **And transfer to route 11 in front of the King Stadium.**

> transfer to ～は「～に乗り換える」です。

▶▶ **Where is the King Stadium?**

> stadium は「ステイディアム」と発音します。

▶▶ **It's across the street from the next stop.**

> be across the street は「道路を隔てて向かい側」です。

UNIT 74 電車 ①

往復チケットを買いたい

キートンへの往復チケットを購入したいのですが。
▶ I'd like to ~.

火曜日に出発して土曜日に帰ります。
▶ I'll be ~.

土曜日はキートンからの電車は満席です。
▶ The trains from ~.

始発と最終電車がいい

それなら、火曜日はキートンへの始発の電車に乗れますか？
▶ In that case, ~?

そして金曜日はキートンからの最終電車をお願いします。
▶ And the last ~.

車両番号・座席番号の確認

往復運賃70ドルを現金でお支払いします。
▶ I'll pay ~.

了解です。あなたの出発時刻、車両番号と座席番号はここに書かれています。
▶ Your departure time, ~.

旅行英会話の**カギ**

アメリカでは往復チケットは round-trip ticket です。遠距離の列車の座席指定予約で購入した場合、車両番号も書かれています。**「車両」はアメリカ英語では car、イギリス英語では carriage** です。荷物を預けたいときは Can I check in my baggage instead of carrying it on the train?（電車に荷物を持ち込む代わりに預けられますか？）と聞くと良いでしょう。

CD2 **25**

I'd like to buy a round-trip ticket to Keyton.

「往復チケット」は round-trip ticket です。

I'll be leaving on Tuesday and coming back on Saturday.

「戻る」は come back です。

The trains from Keyton on Saturday are fully booked.

「主語＋be動詞＋fully booked」（満席です）は主語を入れ換え応用自由自在。

In that case, can I take the first train for Keyton on Tuesday?

「始発列車」は first train です。

And the last train from Keyton on Friday, please.

「最終列車」は last train です。

I'll pay the $70 round-trip fare in cash.

round-trip fare は「往復運賃」、in cash は「現金で」です。

OK. Your departure time, car number and seat number are printed here.

car number は「車両番号」です。

第6章 交通・観光編

UNIT 75 電車②

往復切符を買いたい	コスモへの往復乗車券を3枚お願いします。	▶ I'd like ~.
	1日乗車券をご購入になれば、本日はどの電車でもお使いになれますよ。	▶ If you buy ~.
	1日乗車券は12ポンド、コスモ駅への往復チケットは10ポンドです。	▶ A one-day ticket is ~.
1日乗車券がほしい	1日乗車券になさいますか、往復乗車券になさいますか？	▶ Would you like ~?
	1日乗車券を3枚お願いします。	▶ I'll take ~.
どのプラットフォーム？	ところで、電車はどのプラットフォームから出ますか？	▶ which platform ~?
	電車は5番線から出発します。	▶ The train ~.

旅行英会話のカギ

アメリカでは片道チケットは one-way ticket、往復チケットは round-trip ticket です。一方、イギリス英語では片道チケットを single ticket、往復チケットを return ticket と言います。「ホーム」はアメリカ英語では track、イギリス英語では platform です。

I'd like three return tickets to Cosmo Station.

イギリス英語では「往復乗車券」は return ticket です。

If you buy a one-day ticket, you can use any train today.

「1日乗車券」は one-day ticket です。

A one-day ticket is £12, and a return ticket to Cosmo Station is £10.

one-day ticket の料金と return ticket（往復チケット）の料金が同じ場合もあります。

Would you like a one-day ticket or a return ticket?

Would you like A or B? は「AかBになさいますか？」の応用です。

I'll take three one-day tickets.

I'll take 〜. は購入する時の便利な表現です。

By the way, which platform does the train leave from?

アメリカ英語では platform は track です。

The train leaves from platform five.

第6章 交通・観光編

UNIT 76 電車③

どこで乗り換える?

フェアウェイに行くには どこで乗り換えたらいいですか?
▶ Where should I ~?

コスモ駅です。それからフェアウェイ行きの超特急電車に乗り換えてください。
▶ At Cosmo ~.

駅を乗り過ごした

電車の駅を降りそこねました。どうしたらいいでしょうか?
▶ I missed ~.

次の駅で降りてください。
▶ You should ~.

そして、7番ホームから各駅停車に乗ってください。
▶ take the local ~.

どの出口?

どの出口が Mary デパートの方面ですか?
▶ Which is ~?

12番出口がメアリーデパートに行くには最適です。
▶ Exit 12 ~.

旅行英会話の**カギ**

直通電車 (direct train) に乗車する場合は心配いりませんが、乗り換える場合は要注意ですね。I missed my stop. (乗り過ごしました) を言えるようになりましょう。電車でもバスでも使えます。また、駅に着いてもどの出口を利用すればいいのかわからない場合は Which is the exit for 〜? (どれが〜への出口ですか?) を身に付けましょう。

CD2 27

▶▶ **Where should I transfer to get to Fairway?**

　transfer は「乗り換える」です。

▶▶ **At Cosmo Station, and change to the super-express train to Fairway.**

　change to 〜は「〜に乗り換える」です。

▶▶ **I missed my stop. What should I do?**

　miss my stop は「乗り過ごす」、miss the train は「電車に乗り損なう」を意味する。

▶▶ **You should get off at the next stop.**

　get off は「降りる」、get on は「乗る」です。

▶▶ **And then take the local train from track seven.**

　take the local train は「各駅停車に乗る」です。

▶▶ **Which is the exit for the Mary Department Store?**

　「〜の出口」は exit for 〜 です。

▶▶ **Exit 12 is best for the Mary Department Store.**

　「Exit 〜 is best for + 場所の名前」は入れ換え可。Exit「エグジッ(ト)」と発音。

UNIT 77 美術館 ①

特別展を見たい

昔の巨匠の絵画の特別展を見たいのですが。
▶ I'd like to ~.

入場料が10ドルで特別展のチケットが5ドルです。
▶ The admission fee ~.

2枚の入場券と2枚の特別展のチケットをお願いします。
▶ Two admission tickets, ~.

ガイドツアーに参加したい

ガイドツアーに参加したいのですが。
▶ I'd like to ~.

次のツアーは3時に始まります。
▶ The next tour ~.

音声ガイドを借りたい

また、音声ガイドを5ドルでお借りいただけます。
▶ You can ~.

日本語の音声ガイドを借りたいです。
▶ I'd like to ~.

🖊 旅行英会話の**カギ**

1日では見て回れない大規模な美術館などは、I'd like to join the guided tour.（ガイドツアーに参加したいです）のフレーズを使い参加しましょう。始まる時間と終わる時間を知ることが大切です。ガイドツアー参加の時間がない場合は I'd like to rent an audio guide.（音声ガイドを借りたいです）を使い、音声ガイドを借りましょう。

CD2 28

▶ **I'd like to see the special exhibition of old master paintings.**

💬「特別展」は special exhibition です。

▶ **The admission fee is $10 and a ticket for the special exhibition is $5.**

💬「入場料」は admission fee です。

▶ **Two admission tickets, and two special exhibition tickets, please.**

💬「〜, please.」で「〜をお願いします。」

▶ **I'd like to join the guided tour.**

💬「ガイドツアー」は guided tour です。

▶ **The next tour begins at three.**

💬 [t + t] は前の t が脱落し、next tour は「ネキストァ」がネイティブ発音です。

▶ **You can also rent an audio guide for $5.**

💬 rent は「（お金を払って）物を借りる」の意味です。

▶ **I'd like to rent a Japanese audio guide.**

💬「音声ガイド」は audio guide です。

第6章 交通・観光編

UNIT 78 美術館②

絵葉書が ほしい

どこでこの美術館の絵葉書を購入できますか？
▶ Where can ~?

2階のギフトショップでご購入いただけます。
▶ You can ~.

パンフレット がほしい

館内図と無料のパンフレットをもらえますか？
▶ Can I ~?

こちらが館内図です。
この美術館のパンフレットは5ドルです。
▶ Here's ~.

クローク ルームは どこ？

すみません、大きなお荷物は
お持ち込みいただけません。
▶ you can't ~.

手荷物一時預かり所か、ロッカーはありますか？
▶ Do you have ~?

あなたの右側にあります、
手荷物一時預かり所をお使いください。
▶ Please use ~.

旅行英会話の**カギ**

美術館では Can I get a floor map?（館内図をもらえますか？）とお願いしましょう。また、ギフトショップでの個性的なグッズや、postcards（絵葉書）や museum brochure（美術館のパンフレット）の買い物も楽しみましょう。

Where can I buy postcards of this museum?
「絵葉書」は postcard です。

You can buy them in the gift shop on the second floor.
floor の前に付く前置詞は on です。

Can I get a floor map and a free brochure?
「館内図」は floor map です。

Here's a floor map. We charge $5 for this museum brochure.
「charge + 料金 + for + 物」を覚えましょう。

Excuse me, you can't take that big backpack with you.
「持ち込む」は「take A with + 目的語」です。

Do you have a cloakroom or lockers?
劇場、ホテル、レストラン、ジム etc でも使えるフレーズです。

Please use the cloakroom on your right.
「右側に」は on your right です。

UNIT 79 1日ツアー ①

1日ツアーに参加したい

ニューヨーク1日観光ツアーに参加したいのですが。いくらですか？
▶ I'd like to join ～.

おひとり60ドルです。9時から5時までの8時間ツアーです。
▶ It's $60 ～.

ランチは含まれる?

このツアーにランチは含まれていますか？
▶ Is lunch ～?

いいえ。ですがチャイナタウンで1時間のランチタイムがあります。
▶ No, but you ～.

自由の女神に上れる?

自由の女神に上る時間はありますか？
▶ Do we have ～?

ないです。リバティアイランドはこのツアーには含まれていません。
▶ Liberty Island ～.

フェリーから自由の女神をご覧いただけます。
▶ You can see ～.

旅行英会話の**カギ**

自由の女神のあるリバティ島に行くことはできますが、予約しないと自由の女神の中には入れません。1日ツアーに参加した場合、ランチが含まれているか、名所は含まれているかなどを尋ねるフレーズ、**Is + 主語 + included?**（〜は含まれていますか？）を身に付けましょう。

CD2 30

I'd like to join the one-day New York tour. How much is it?
「I'd like to join 〜」の〜は入れ換え自由自在。

It's $60 per person. It's an 8-hour tour from 9 a.m. to 5 p.m.
per person は「一人につき」を意味する。per hour は「1時間につき」。

Is lunch included in this tour?
Is 〜 included in this tour? の〜の部分は入れ換え可。

No, but you can have a one-hour lunchtime in Chinatown.
「2時間のランチタイム」なら、two-hour lunchtime です。

Do we have time to go up to the crown of the Statue of Liberty?
「自由の女神」は the Statue of Liberty です。

No. Liberty Island isn't included in this tour.
Liberty Island はツアーに含まれていない事が多いです。

You can see the Statue of Liberty from the ferry.
Statue（像）を status（地位）と言い間違えないように。

第6章 交通・観光編

UNIT 80 1日ツアー②

集合場所は?

集合場所はどこですか？
▶ Where is ~?

バスが午前9時にニューヨークホテル前に迎えに上がります。
▶ The bus will ~.

何時にバスに戻る?

すみません、何時にバスに戻ればいいですか？
▶ what time ~?

このバスに3時までには戻ってきてください。
▶ You should be ~.

ツアーの解散時刻と場所は?

このツアーは何時にどこで終わりますか？
▶ When and where ~?

午後4時頃にバスがあなたのホテル付近でお客様を降ろします。
▶ We'll drop ~.

エンパイアステートビルのあたりで降ろしてもらえますか？
▶ Would you ~?

旅行英会話の**カギ**

現地発着のツアーを楽しい思い出にするためには、**集合場所 (meeting place)**、と**集合時刻 (meeting time)** を聞き逃さないようにすることです。聞き逃した場合は、Could you repeat that? と必ず聞き直しましょう。

Where is the meeting place?

💡「集合場所」は meeting place。または、pick-up point です。

The bus will pick you up in front of the New York Hotel at 9 a.m.

💡「pick + 人 + up」は「人を車で迎える」です。

Excuse me, what time should we return to the bus?

💡「〜に戻る」は return to 〜です。

You should be back at this bus by three o'clock.

💡 be back at 〜は「〜に戻る」です。

When and where does this tour end?

💡「終わる」は end です。始まりを聞く場合は end を start に入れ換えましょう。

We'll drop you off at your hotel around 4 p.m.

💡「drop + 人 + off at 〜」は「人を〜で降ろす」です。

Would you drop me off around the Empire State Building?

💡「around 〜」は「〜のあたりで」を意味します。

第6章 交通・観光編

UNIT 81 劇場

チケットを買いたい

今晩のコンサートのチケットを2枚購入したいのですが。
▶ I'd like to ~.

申し訳ございません。夜の部のチケットはすべて売り切れました。
▶ All the evening ~.

ですが、4枚だけ昼の部のチケットが残っています。
▶ But there are ~.

どんな席が空いてる?

どんな席が空いてますか? オーケストラ席ですか? バルコニー席ですか?
▶ What seats are ~?

バルコニー席だけが空いています。
▶ Only balcony seats ~.

前の方の席に座りたい

わかりました。チケットを2枚お願いします。前の方の席に座りたいです。
▶ Two tickets, ~.

座席表を見せてもらえますか?
▶ May I ~?

旅行英会話の**カギ**

アメリカではホールの1階席は orchestra（オーケストラ）、2階席は balcony（バルコニー）。イギリスでは「オーケストラ」の席は stall。チケット購入の際に「昼間の公演」を意味する matinee（マチネー）を「待ってね」と聞き間違い、劇場窓口の人に Can you speak Japanese? と聞いた思い出があります。チケットの買い方はスポーツ観戦にも応用可能。

CD2 32

I'd like to get two tickets for the concert this evening.
for 以下を入れ換え自由自在に使えます。

I'm sorry. All the evening tickets are sold out.
「売り切れる」は be sold out を意味します。

But there are only four tickets left for today's matinee.
matinee は「昼興行」を意味する。

What seats are available, orchestra seats or balcony seats?
What + 名詞 + are available? の応用可。**例** What tickets are available?

Only balcony seats are available.
available は「空いている、購入できる、利用できる」などの意味を持つ。

OK. Two tickets, please. I'd like to sit near the front row.
front row は「前列」を意味します。

May I see a seating chart?
「座席表」は seating chart です。

第6章 交通・観光編

交通・観光の単語

切符売り場	ticket office
前売り券	advance ticket
予約席	reserved seat
定額料金	flat rate
代用硬貨	token
改札口	ticket gate / wicket
地下鉄（アメリカ英語）	subway
地下鉄（イギリス英語）	tube / underground
料金精算所	fare adjustment office
車掌	conductor
路面電車	tram
二階建てバス	double-decker
直行バス	direct bus
バス発着所	bus terminal
前方の席	front seat
後方の席	rear seat
交通渋滞	traffic jam
無料の高速道路	freeway
有料の高速道路	expressway
有料道路	toll road
近道する	take a shortcut
迂回する	take a detour
横断歩道	pedestrian crossing
噴水	fountain
有料トイレ	pay toilet
パトカー	patrol car
警察署	police station
消防署	fire department
レンタカー	
レンタル同意書	rental agreement
レンタル料金	rental charge
保険	insurance

完全保障	full coverage
対人対物保険	liability insurance
走行マイル	mileage
オートマチック車	automatic
マニュアル車	manual car
小型車	compact car
中型車	medium-sized car
四輪駆動車	four-wheel-drive car
オープンカー	convertible
パンク (米／英)	flat tire / puncture
ガソリンスタンド (米／英)	gas station / petrol station
乗り捨て	drop off
駐車場 (米／英)	parking lot / car park

美術館・博物館

開館時間	opening time
閉館時間	closing time
常設展	permanent exhibition
古代美術	ancient art
中世美術	medieval art
現代美術	contemporary art
彫刻	sculpture
水彩画	watercolor
油絵	oil painting
複製	replica
建築	architect

交通・観光の単語

🔄 単語を入れ換えて使えます。

🔄 I'd like to go to the 〜.　〜に行きたい。

広場	square
遊園地	amusement park
史跡	historical spot
記念碑	monument
〜の生家	birthplace of 〜
教会	church
城	castle
宮殿	palace
寺院	temple
港	harbor / port
海岸	coast
湾	bay
岬	cape
灯台	lighthouse
墓地	cemetery / graveyard
渓谷	valley
森	forest
滝	waterfall
火山	volcano
洞穴	cave
高原	highland

🔄 I'd like to try 〜.　〜をしてみたい。

乗馬	horseback riding
ラフティング	rafting
パラセイリング	parasailing
熱気球に乗る	hot air ballooning
スキューバダイビング	scuba diving

🔄 I'd like to join a 〜.　〜に参加したい。

半日ツアー	half-day tour
ナイトツアー	night tour
日本語ガイド付きツアー	tour with a Japanese speaking guide

第**7**章

トラブル編

何も起こらないのが一番ですが、
もし何か**困ったことが起こってしまった**ときに
備えて…のフレーズです。
忘れ物をしてしまった、ちょっと薬を買いたい…
などの小さなトラブルから、
盗難された、病院にかかりたい…など
自分での対処が大変なトラブルまで、
念のため覚えておけば安心です。

UNIT 82 CD2 Track 33
▼
UNIT 90 CD2 Track 41

UNIT 82 忘れ物

テーブルの上に置き忘れた

1時間くらい前にランチを食べました。
▶ I had ~.

カメラをテーブルの上に置いたと思うのですが。
▶ I think ~.

調べてみますね。
残念ですが、カメラは届いておりません。
▶ Let me ~.

2階の遺失物係に行かれたらどうでしょうか？
▶ How about ~?

遺失物係で

どのようなカメラか説明してもらえますか？
▶ Can you ~?

最新版のキヤノンデジタルカメラです。
ピンクのケースに入っています。
▶ It's the ~.

はい。お届けがあります。
▶ We have ~.

旅行英会話の**カギ**

このシーンでは the lost and found section（遺失物係）で落し物が届いた場面を勉強しますが、日本に比べてなくしたものは返ってこないことが多いことを念頭において、落し物や忘れ物はしないように！ 大きなホテル内でなら戻ってくることがあるかもしれません。

CD2 33

I had lunch here about an hour ago.

l は舌の先を上の歯の裏側につけて発音。ranch（牧場）とはっきり区別しましょう。

I think I left my camera on the table.

I think を入れないと失礼になります。

Let me check. I'm sorry, but no camera has been handed in.

「届けられる」は be handed in です。

How about trying the lost and found section on the second floor?

How about 〜ing? は「〜したらどうか」。「遺失物係」= lost and found section。

Can you describe your camera?

describe は「説明する」です。

It's the latest Canon digital camera. It's in a pink case.

「最新版の」は latest、または newest です。

OK. **We have** your item.

item は「商品、製品」です。

第7章 トラブル編

UNIT 83 盗難

電車の中でスリに合った

たぶん、電車の中で財布をすられました。
▶ I probably 〜.

電車の切符をコスモ駅で購入しました。
▶ I purchased 〜.

スプリング駅で降りた時、財布が見つからなかったのです。
▶ When I 〜.

わかりました。この用紙に記入してください。
▶ Please fill 〜.

カバンをひったくられた

カバンをACEショッピングモールで大きな女性にひったくられました。
▶ My bag was 〜.

何がカバンの中に入っていましたか？
▶ What was 〜?

クレジットカードと財布です。クレジットカードはすぐ無効にしました。
▶ My credit card 〜.

旅行英会話の**カギ**

盗難証明書を出してもらうためには when（いつ）、where（どこで）、how（どのような）被害にあったのかを説明できなければなりません。また、クレジットカードを盗難された場合は直ちにクレジットカード会社に連絡して無効にしてもらいましょう。クレジットカードの番号と連絡先は必ずメモしておきましょう。

CD2 34

I probably had my wallet pickpocketed on the train.

「have + 財布 + pickpocketed」は「財布をすられる」です。

I purchased the train ticket at Cosmo Station.

「購入する」は purchase です。

When I got off at Spring Station, I couldn't find my wallet.

wallet は「財布」です。

OK. Please fill in this form.

fill in ～は「～に記入する」です。

My bag was snatched by a large woman in the ACE shopping mall.

「ひったくられる」は be snatched です。

What was in your bag?

What's in it?（中に何がありますか）の応用形です。

My credit card and wallet. I cancelled the credit card right away.

UNIT 84 薬局①

下痢の薬がほしい

下痢によく効く薬はありますか？
▶ Do you have ～?

どれくらい下痢が続いていますか？
▶ How long ～?

2日続いています。食欲がありません。
▶ I've had ～.

薬は服用していない

他の薬を服用されていますか？
▶ Are you taking ～?

いいえ。何も服用していません。
慢性病もないです。
▶ No. I'm ～.

薬の服用方法

毎食後にこの錠剤を飲んでください。
▶ I recommend ～.

症状が良くならないようなら、
病院に行ってください。
▶ If the symptoms ～.

旅行英会話の**カギ**

Do you have any good medicine for 〜? (〜によく効く薬がありますか?) の〜に病名や症状を入れて応用できます。旅行先では水が合わないことも多く、下痢 (diarrhea) だけでなく、便秘 (constipation) に苦しむ人が多いのが現実です。病気の症状は have と feel を使えば広範囲に説明できます。ここでは have diarrhea (下痢をする) を覚えましょう。

CD2 35

Do you have any good medicine for diarrhea?
「下痢」は diarrhea、the runs、loose bowels とも言います。

How long have you had the runs?
When did it start? と聞かれることもあります。

I've had diarrhea for two days. I have no appetite.
「食欲」は appetite です。

Are you taking any other medicines?
take medicine は「薬を服用する」。

No. I'm not taking any medication. I don't have a chronic disease, either.
「慢性病」は chronic disease です。

I recommend you take these tablets after every meal.
「錠剤」は tablet です。

If the symptoms don't get better, please go to see a doctor.
具体的には If your diarrhea doesn't stop (下痢が止まらないなら)。

第7章 トラブル編

UNIT 85 薬局②

傷に効く薬がほしい

膝を擦りむきました。よく効く薬はありますか？
▶ I scraped ~.

お気の毒に。この軟膏がよく効きますよ。
▶ That's too ~.

頭痛薬がほしい

頭痛に効く薬はありませんか？
▶ Do you have ~?

アレルギー反応の出る薬はありますか？
▶ Are you ~?

どの薬にもアレルギー反応は出ません。
私は牛乳アレルギーですが。
▶ I'm not allergic ~.

鎮痛剤の服用方法は？

この鎮痛剤をお勧めします。
痛みがある時に1カプセルずつ飲んでください。
▶ I recommend ~.

この鎮痛剤をどれくらいの間隔で
服用すればいいですか？
▶ How often ~?

旅行英会話の**カギ**

薬の服用回数は大切なので How often should I take this medicine? (この薬をどれくらいの間隔で服用すればいいですか?) を身に付けましょう。I don't have any chronic diseases. (慢性病はないです) と I'm not allergic to any medication. (どの薬にもアレルギー反応は出ません) も言えるようになりましょう。

CD2 36

I scraped my knees. Do you have anything good for it?

「擦りむく」は scrape、「ひざ」は knee です。

That's too bad. This ointment works well.

「軟膏」は ointment、「効く」は work です。

Do you have any good medicine for headaches?

〜 ache の名詞を入れ換えて応用可。stomachache、backache、toothache など。

Are you allergic to any medicines?

be allergic to 〜は「〜にアレルギー反応が出る」を意味します。

I'm not allergic to any medicines. I'm allergic to milk, though.

milk の l は上の歯の下に舌を付けつつ、「ミゥク」がネイティブ発音。

I recommend this painkiller. Take one capsule when you feel any pain.

「鎮痛剤」は painkiller です。

How often should I take this painkiller?

頻度を聞く「How often + 疑問文の語順?」を身に付けましょう。

第7章 トラブル編

UNIT 86 病院 ①

風邪で喉が痛い

どうしましたか？
▶ What brings ~?

風邪をひいているみたいなのです。
喉が痛いです。
▶ I seem to ~.

口を開けてください。
あなたの扁桃腺は少し腫れていますね。
▶ Open ~.

微熱がある

体温を測らせてください。37度2分ですね。
▶ Let me take ~.

ちょっと微熱がありますが、
症状は重くはないですよ。
▶ You're ~.

鼻水や咳が出る・だるい

鼻水も出ますし、咳も少し出ます。
▶ I have ~.

体もだるいです。
▶ I feel ~.

旅行英会話の**カギ**

動詞 have と feel を使えば症状が説明できます。P. 218 でも勉強します。**have + 病名** が一番便利です。I have a headache.(頭痛がします)、I have a toothache.(歯が痛いです)。ボディランゲージも使って症状の説明をしましょう。

CD2 37

▶▶ **What brings** you here?

What seems to be the problem? と同様のお決まりフレーズ。

▶▶ **I seem to** have a cold. I have a sore throat.

sore は「痛い」、throat は「喉」です。

▶▶ **Open** your mouth. Your tonsils are a little bit swollen.

「扁桃腺」は tonsils、「腫れている」は swollen です。

▶▶ **Let me take** your temperature. It's 37.2 degrees.

take one's temperature は「体温を測る」。

▶▶ **You're** a little feverish, but your case isn't serious.

「少し熱っぽい」は a little feverish、「(症状が) 重い」は serious です。

▶▶ **I have** a runny nose and I'm coughing a little.

runny nose は「鼻水の垂れている鼻」。

▶▶ **I feel** sluggish, too.

「だるい」は sluggish です。

第7章 トラブル編

213

UNIT 87 病院②

旅行を続けてもいい?

私はあなたが日本からの長いフライトで疲れていると思います。
▶ I think 〜.

旅行を続けることは可能でしょうか?
▶ Is it possible 〜?

もちろんです。1日だけでいいからベッドで寝て休養しなさい。
▶ I advise you 〜.

胃が弱い

ところで、何か慢性の病気をお持ちですか?
▶ do you have 〜?

いいえ、だけど胃が弱いです。
▶ but I have 〜.

保険のために診断書がほしい

薬の処方箋を書きましたよ。これを薬局に持って行ってください。
▶ I've prescribed 〜.

保険のための診断書をもらえますか?
▶ Can I have 〜?

旅行英会話の**カギ**

海外の病院ではパスポートと海外保険の証明書を提示しなければなりません。medical certificate（診断書）を忘れずにもらいましょう。

I think you are tired after the long flight from Japan.
「疲れている」は be tired です。

Is it possible for me to continue my trip?
「続ける」は continue です。

Of course, but I advise you to rest in bed for just one day.
「休養する」は rest です。

By the way do you have any chronic diseases?
「慢性の病気」は chronic disease です。

No, but I have a weak stomach.
weak stomach は「弱った胃」です。

I've prescribed some medicine for you. Please take this to the pharmacy.
prescribe medicine は「薬の処方箋を書く」です。

Can I have a medical certificate for my insurance?
「診断書」は medical certificate、「保険」は insurance です。

第7章 トラブル編

UNIT 88 処方箋

処方箋を調合してほしい

この処方箋を調合してくださいますか？
▶ Could you ~?

はい。処方薬は20分でご用意できます。
▶ Your prescription ~.

服用は初めて

この薬を以前服用したことがありますか？
▶ Have you taken ~?

いいえ。この薬を服用するのは初めてです。
▶ This is the first ~.

食後に1錠と粉薬1袋を服用してください。
▶ Please take ~.

薬に副作用は？

この薬には副作用がありますか？
▶ Does this medicine ~?

眠くなるかもしれませんし、
少し胃が痛くなるかもしれません。
▶ You may feel ~.

旅行英会話の**カギ**

病院で医師に prescribe medication (処方箋を書く) をしてもらい、それから薬局で調剤してもらいます。Could you fill this prescription for me? (この処方箋を調合してくださいますか?) を身に付けましょう。

CD2 39

Could you fill this prescription for me?
「処方箋を調合する」は fill a prescription です。

OK. Your prescription will be ready in 20 minutes.
prescription は「処方薬」、be ready は「準備できる」。

Have you taken this medicine before?
Have you は「ハヴィユー」と発音。

No. This is the first time for me to take this medicine.
[t + t] は前の t が脱落します。first time =「ファースタイム」です。

Please take one tablet and a dose of powdered medicine after every meal.
「粉薬」は powdered medicine です。

Does this medicine have any side effects?
「副作用」は side effect です。

You may feel drowsy and have a slight stomachache.
feel drowsy は「眠くなる」を意味する。

第7章 トラブル編

217

UNIT 89 症状（内科）

症状を伝える

どんな症状ですか？
▶ What are ～?

胸がむかつくし、めまいがしますし、熱っぽいです。
▶ I feel ～.

吐きそうです。
▶ I feel like ～.

耳鳴りがします。
▶ I have ～.

鼻が詰まっています。
▶ I have ～.

ここがズキズキ痛みます。
▶ I have ～.

急性盲腸炎になってきているかもしれません。
▶ I may ～.

旅行英会話の**カギ**

病気の症状を説明するには、まず I have 〜. I feel 〜. をマスターしましょう。なかなか単語が出て来ない場合は I have a pain here. (ここが痛いです) と指で押さえることによって症状を伝えることができます。

CD2 40

What are your symptoms?
「症状」は symptom です。

I feel nauseous, dizzy, and feverish.
「むかつく」は nauseous =「ノーシャス」。

I feel like throwing up.
feel like 〜 ing は「〜しそうです」。

I have a ringing in my ears.
「耳鳴り」は ringing one's ears です。

I have a stuffy nose.
stuffy は「息苦しい」、stuffy nose は「鼻づまり」です。

I have a throbbing pain here.
「ズキズキ」は throbbing です。

I may be getting acute appendicitis.
acute は「急性の」、「盲腸炎」は appendicitis です。

第7章 トラブル編

UNIT 90 症状（外科）

骨折したかも

転びました。足を骨折したと思います。
▶ I fell ~.

レントゲンを撮りましょう。
▶ Let me ~.

捻挫・出血

転んで捻挫しました。
▶ I fell down ~.

肘も打ちました。
▶ I hit ~.

まだ血が出ています。
▶ It's still ~.

包帯を巻いて血を止めましょう。
▶ I'll stop ~.

足に豆ができています。
▶ I have ~.

旅行英会話の**カギ**

海外で骨折したときは現地の病院で治療を受けましょう。「骨折」は **broken bone**、または **fracture** と言います。やや大きな骨折の場合は骨折してから3日以内は、飛行機の搭乗はやめましょう。気圧が上がるので血管を詰まらせ、脂肪血栓を起こす可能性があります。

CD2 41

▶▶ **I fell down. I think I broke my leg.**

fall down は「転ぶ」です。

▶▶ **Let me take an X-ray.**

take an X-ray は「レントゲンを撮る」です。

▶▶ **I fell down and sprained my ankle.**

sprain one's ankle は「捻挫する」を意味します。

▶▶ **I hit my elbow too.**

hit one's elbow は「肘を打つ」を意味します。

▶▶ **It's still bleeding.**

bleed は「血が出る」。

▶▶ **I'll stop the bleeding with a bandage.**

「包帯を巻いて」は with a bandage です。

▶▶ **I have blisters on my feet.**

blister は「豆、水ぶくれ」です。

第7章 トラブル編

トラブルの単語

緊急事態

助けて！	Help!
緊急事態です。	It's an emergency.
救急車を呼んで！	Call the ambulance!
応急処置をお願いします。	First aid, please.
警察を呼んで！	Call the police!
盗難を報告する	report a theft
日本大使館	Japanese embassy

体の症状

高血圧	high blood pressure	肺炎	pneumonia
低血圧	low blood pressure	糖尿病	diabetes
妊娠している	pregnant	貧血	anemia
二日酔い	hangover	火傷	burn
食中毒	food poisoning	打撲	bruise
喘息	asthma	怪我	injury
盲腸炎	appendicitis	吐く	vomit / throw up
胃腸炎	stomach infection		

その他

血液型	blood type
点滴	IV
手術	operation
注射	injection / shot

🔄 I feel 〜. 〜の気がする。

気分が悪い	nauseous
めまいがする	dizzy
熱がある	feverish
寒気がする	chilly

🔄 I have a 〜. 〜がある。

頭痛	headache
腹痛	stomachache
腰痛	backache
歯痛	toothache
喉の痛み	sore throat

🔄 単語を入れ換えて使えます。

第8章

スモールトーク編

会話をはずませるために使える
ちょっとしたフレーズです。
「何かを褒めたい」「感謝をきちんと伝えたい」
「連絡を取り合いたい」ときなどに、
どんどん使いましょう！
天気の話などもできるようになると
いいですね。

UNIT 91 CD2 Track 42
▼
UNIT 93 CD2 Track 44

UNIT 91 話のきっかけ

フライトは?

フライトはいかがでしたか？
▶ How was ～?

フライトは良かったですが、まだ少し時差ボケしています。
▶ It was ～.

国の気候は?

あなたの国の気候はどのようなものですか？
▶ What is ～?

日本には、春と夏の間の雨季とはっきりした四季があります。
▶ Japan has ～.

共通点がある

私の趣味は読書と旅行です。
私は犬が大好きです。
▶ My hobbies are ～.

私はハイキングやキャンプなどのアウトドアアクティビティが好きです。
▶ I like ～.

たくさん共通点がありそうです。
▶ We seem to ～.

旅行英会話の**カギ**

How was + 名詞？は名詞の入れ換え自由自在で、会話を盛り上がらせます。How was dinner? How was the movie? How was your day? How was everything? など。

How was your flight?

🙂 How was ～?の ～を入れ換え自由自在。 **例** How was your trip?

It was a nice flight, but I still have jet lag.

🙂 「時差ボケ」は jet lag です。

What is the climate of your country like?

🙂 What is A like? は「Aはどのようなものですか？」。 **例** What's he like?

Japan has four clear-cut seasons with a rainy season between spring and summer.

🙂 「はっきりした」は clear-cut です。

My hobbies are reading books and traveling. I love dogs.

🙂 traveling の v の発音は上の歯で下唇を強く噛み、息を出してつくる。

I like outdoor activities, such as hiking and camping.

🙂 such as ～は「～など」を意味する。

We seem to have a lot in common.

🙂 「何か共通点がある」は have something in common である。

第8章 スモールトーク編

225

UNIT 92 家への招待

ご招待ありがとう

私を家に招待してくださりありがとうございます。
▶ Thank you 〜.

素敵なお部屋ですね！
▶ What a 〜!

乾杯！

皆さん！ 乾杯したいと思います。
▶ Attention, 〜!

どうぞ、よろしく。乾杯！
▶ To our 〜.

料理をほめる

好きな物を取ってお食べください。
▶ Please help 〜.

あなたはお料理がお得意ですね！
▶ You're 〜!

お褒めいただきありがとうございます。
▶ Thank you 〜.

旅行英会話の**カギ**

旅行先で家やパーティーに招待されたら、感謝の気持ちをこめてお部屋やお料理を褒めましょう。また、お土産の品は日本ならではの物がいいでしょう。Here's a present for you. (あなたへのプレゼントです) と言って渡しましょう。またトイレを使用したいときは、May I use your restroom? と言いましょう。

CD2 43

Thank you very much for inviting me to your house.

「〜に招待する」は「invite me to 〜」です。

What a lovely room!

It's such a lovely room! も同じ意味です。

Attention, everyone! I'd like to propose a toast.

「乾杯する」は propose a toast を意味します。

To our friendship. Cheers!

To 以下は応用可。**例** To your health! Cheers! (あなたの健康を祈り乾杯)。

Please help yourself to anything you like.

Please help yourself. だけでも OK です。

You're a good cook!

You are good at cooking. も覚えましょう。

Thank you very much for the compliment!

compliment は「褒め言葉」。褒めてもらったときに返す決まり表現です。

第8章 スモールトーク編

UNIT 93 滞在中の感謝を伝える

感謝する

町を案内してくださってありがとうございます。
▶ Thank you for ~.

あなたのお国に滞在中のおもてなしに感謝いたします。
▶ I appreciate ~.

どういたしまして。
▶ It was ~.

連絡を取り合う

連絡を取り合いましょう。
▶ Let's keep ~.

写真をFacebookにアップしてもいいですか？
▶ Can I ~?

日本に来てほしい

あなたの日本へのご訪問を楽しみにしています。
▶ I'm looking ~.

空港までお見送りありがとうございます。
ご家族によろしくお伝えください。
▶ Thank you for ~.

旅行英会話の**カギ**

「Thank you very much for + ～ing または名詞」の形を身に付けましょう。ホストファミリーなどに招待を受けた場合は感謝の気持ちをこめてこれからも連絡を取り合うことが大切。旅の間に知り合った人は Shall we exchange e-mail addresses?とＥメールの交換をしてもいいですが、可能なら This is my Facebook account. と紹介することが無難でしょう。

CD2 44

Thank you for showing me around the town.
「～に案内する」は「show + 目的語 + around + 場所」。

I appreciate your hospitality during my stay in your country.
「おもてなし」は hospitality です。

It was my pleasure.
You're welcome でも OK です。

Let's keep in touch with each other.
「連絡を取り合う」は、keep in touch with です。

Can I upload the photos to my Facebook?
「アップする」は upload です。

I'm looking forward to your visit to Japan.
look forward to ～ing は「～を楽しみにする」。

Thank you for seeing me off at the airport. Please give my best regards to your family.

第8章 スモールトーク編

さくいん

全 Unit のフレーズがそろっています。
色がついているフレーズが自分のフレーズで、
それ以外は相手のフレーズです。
復習するとき、さっと調べたいときなどに活用してください。

あ あ～なんてことだ。間違ったバスに
乗りました。どうすればいいですか？　182
赤ワインをいただけますか？　64
アクリルでできています。
洗濯機で洗えますよ。　136
明日午前11時の飛行機に乗ります。　178
足に豆ができています。　220
あなたと一緒にここでお写真を
撮らせていただいてもよろしいですか？　40
あちらの5番のバスに乗ってください。　180
あっ、はい。ありがとう。　62
**あなたのお国に滞在中のおもてなしに
感謝いたします。　228**
あなたの国の気候はどのようなものですか？　224
あなたのスーツケースはまだ見つかりません。　74
あなたのスーツケースは次の便で
到着します。ここで1時間待ちますか？　72
あなたの手荷物引換券の番号を
コンピュータに入力させてください。　72
**あなたの日本へのご訪問を
楽しみにしています。　228**
あなたのホテルにスーツケースを
配達してもらいます。　74
あなたの右側にあります、
手荷物一時預かり所をお使いください。　192
あなたはお料理がお得意ですね！　226
あなたはこの列の最後尾ですか？　38
あなたは被害届を出さなければなりません。
航空会社が責任を負います。　74
あなたもね。　26
アメリカではどちらに滞在されますか？　70
あら、まあ！ この席は51Hですね！
本当にすみません。カバンを移動させますね。　56
**ありがとう。
ところで、これは形状記憶シャツですか？　138**
ありがとう。おつりは取っておいてください。　178
ありがとう。ご迷惑をおかけしてすみません。　58
ありがとう。これにしますよ。　140
**ありがとう。サイズはピッタリだわ。
どうかしら？　140**

ありがとう。　150
実は、指輪の石が好きではないです。
ありがとう。つま先が少し痛いです。　146
ありがとうございます。　52
通路側と窓側の席のどちらがよろしいですか？
**アルコール度数の低いカクテルを
お願いします。　128**
アレルギー反応の出る薬はありますか？　210
案内所はどこですか？　28
いいえ、このバスは市庁舎行きです。　182
いいえ、これは18金です。　150
いいえ、だけど胃が弱いです。　214
いいえ。この薬を服用するのは初めてです。　216
いいえ。ですがチャイナタウンで
1時間のランチタイムがあります。　194
いいえ。どうぞお座りください。　36
**いいえ。何も服用していません。
慢性病もないです。　208**
EA345便にてアップグレードされた
ビジネスクラスの座席をお取りいただけます。　68
いいですよ。あなたは今メープルストリートに
います。どこに行きたいのですか？　172
いいですよ。このカメラは
どのように使えばいいのですか？　42
いいですよ。最初の信号を渡って
左に曲がってください。　174
いいですよ。倒してください。　58
いいですよ。どうぞ。　58
いいですよ。どうぞお座りください。　36
いいですよ。どうぞこの大きな鏡を
お使いください。　140
いいですよ。リサイクルセンターに
持って行きます。　148
いかがですか？　116
いかがなさいますか　134
いくら両替なさいますか？　48
イスを倒してもよろしいですか？　58
1時間くらいかかります。　144
1時間くらい前にランチを食べました。　204
1ドル札を10枚にしてください。　46

230

日本語	ページ
1ドル120円です。	48
1日乗車券になさいますか、往復乗車券になさいますか？	186
1日乗車券は12ポンド、コスモ駅への往復チケットは10ポンドです。	186
1日乗車券をご購入になれば、本日はどの電車でもお使いになれますよ。	186
1日乗車券を3枚お願いします。	186
一番近い外貨両替所はどこでしょうか？	28
1番通路ですよ。オレンジは50％割引です。	162
いつ、どこで朝食をとれますか？	86
今、多くの人が使用しています。もう少しお待ちいただけますか？	92
今からすぐに履きたいのですが。	148
今なら30ドルです。お買い得ですよ。	158
いらっしゃいませ！テーブルをご用意しております。	104
いらっしゃいませ。お伺いしましょうか？	134
ウォッカをストレートでお願いします。	128
後ろの空いてる席へ移っていただけます。	56
内訳はどのようにいたしましょうか？	48
え〜。20％の特別割引が適用されていません。	98
エアコンがうまく作動しません。大きな音をたてます。	90
営業時間は何時ですか？	34
AJA05便のターンテーブルはどれですか？	72
Aセットでダイエットコーラとポテトをお願いします。	124
ABCショッピングセンターへのバスはどれくらいの頻度で運行していますか？	88
エンパイアステートビルのあたりで降ろしてもらえますか？	196
おいしそうですね。それにします。	114
往復運賃70ドルを現金でお支払いします。	184
OKです。あなたの書類に判を押しました。ポンドで払い戻したいですか？	168
OKですよ。やってみましょう。たぶん6時までにできると思います。	96
オーストラリアならではの何かを探しています。	158
お気に召しましたか？	142
お気の毒に。この軟膏がよく効きますよ。	210
お客様は無料でご利用いただけます。ジムも無料でお使いいただけます。	98
お座席を元の位置に戻していただけませんか？	62
お仕事は何をされていますか？	70
お支払いはどのようになさいますか？カードにつけておきますか？	126

日本語	ページ
お食事と一緒のお飲み物は何になさいますか？	110
お食事はお済みですか？	116
お席はこの通路の先の右側です。	56
おつまみは何がありますか？果物の盛り合わせがほしいです。	128
おつりが足らないと思います。2ドル足りません。	44
お取りできました。いくつスーツケースをお預けになりますか？	52
お直しはおいくらですか？	144
同じものをもう1杯おかわりします。	126
オニオンスープの代わりにポテトスープをもらえますか？	112
お荷物を運びましょうか？	86
お飲み物はいかがですか？	62
お話しできてよかったです。楽しい日をお過ごしください。	26
おひとり60ドルです。9時から5時までの8時間ツアーです。	194
お褒めいただきありがとうございます。	226
お店がオープンするのを待っているんですよ。	38
お湯が出ないんです。	92
か カードキーと無料の朝食券です。	82
カードキーを壁のケースにしっかり差し込んでくださいませんか？	90
海外は初めてですか？	26
ガイドツアーに参加したいのですが。	190
顔用の日焼け止めクリームを探しています。	154
香りがきつすぎます。もっと優しい香りか、果物の香りのする物はありますか？	156
確認させてください。20ドルです。	166
確認させてください。搭乗券には50Hと書かれています。	56
確認させてください。はい。同じ部屋をご利用いただけます。	84
かしこまりました。	46/64
かしこまりました。10分後にホテルの前に参ります。	88
かしこまりました。すぐに手配いたします。	90
風邪をひいているみたいなのです。喉が痛いです。	212
カバンをACEショッピングモールで大きな女性にひったくられました。	206
カフェイン抜きのコーヒーを食後にいただきたいです。	108
紙袋ですか、ビニール袋ですか？	164
カメラをテーブルの上に置いたと思うのですが。	204

231

日本語	ページ
火曜日に出発して土曜日に帰ります。	184
体もだるいです。	212
かわいい！オーストラリア製ですか？日本のコアラはいらないわ。	158
勘定書を持ってきていただけますか？お勘定は別々でお願いします。	122
勘定を締めてください。	128
館内図と無料のパンフレットをもらえますか？	192
聞いてもらっていますよ。	134
キートンへの往復チケットを購入したいのですが。	184
機械の問題のため、遅れております。	68
季節の野菜がついて、ライス、ベイクドポテト、フレンチフライの中からお選びいただけます。	114
急性盲腸炎になってきているかもしれません。	218
郷土料理を食べたいのですが。おすすめは何ですか？	114
今日は日曜なので、日曜追加料金が発生します。	122
キングスタジアムはどこにありますか？	182
金庫が開きません。	92
空港シャトルバスは2時50分に出ます。	30
空港までお見送りありがとうございます。ご家族によろしくお伝えください。	228
薬の処方箋を書きましたよ。これを薬局に持って行ってください。	214
口を開けてください。あなたの扁桃腺は少し腫れていますね。	212
クレジットカードと財布です。クレジットカードはすぐ無効にしました。	206
クレジットカードに払い戻してくれませんか？	168
劇場は市庁舎を通り過ぎた左側にあります。	172
化粧室はどこでしょうか？	28
化粧品店とブティックの間です。	28
月曜日から金曜日までは午前11時から午後8時まで営業しております。	34
下痢によく効く薬はありますか？	208
現金でお願いします。100ドルです。	44
現地時刻に時計を合わせたいです。	66
合計14ドルです。	30
更新情報をただ今、受け取りました。	68
香水を探しています。一番人気のある香水はどれですか？	156
高速料金を含んで合計40ドルです。	178
コーヒー、紅茶、オレンジジュース、コーラ、ビールとワインがございます。	62
コーヒーはお食事と一緒か、それともお食事の後にお持ちしましょうか？	108
コーヒーはこのセットメニューに含まれていますか？	110
コーヒーは無料でおかわりしていただけます。	110
コーラに無料のドリンククーポンは使えますか？	124
コーラの炭酸が抜けています。トーストは焼けすぎです。お米が固いです。	120
氷抜きでお水をいただけますか？	62
5個買うといくらになりますか？	160
ここがズキズキ痛みます。	218
ここからモダンミュージアムまでの運賃はいくらでしょうか？	88
5個購入してくだされば、20ドルです。	160
午後5時15分です。こちらが時刻表です。	32
午前10時に開いて、午後8時に閉まります。	34
ここで写真撮影をしてもいいですか？	40
ここで食べます。ストローとナプキンはどこにありますか？	124
ここでの写真撮影はご遠慮ください。	40
ここにオーストラリア製と書いてありますよ！	158
ここに書いてくださいませんか？	30
午後2時50分に離陸します。	32
午後2時です。チェックインできますが、早期チェックイン料金がかかります。	84
午後4時頃にバスがあなたのホテル付近でお客様を降ろします。	196
午後4時30分です。こちらがスケジュールです。	32
腰の周りが緩いです。	142
50ドルです。2ドル返してもらえますか？残りはとっておいてください。	178
コスモ駅です。それからフェアウェイ行きの超特急電車に乗り換えてください。	188
コスモへの往復乗車券を3枚お願いします。	186
小銭がないのです。くずしてもらえますか？	180
午前9時に開いて午後9時に閉まります。	98
午前8時に迎えに来てくださいませんか？	178
ご注文がお決まりになりましたらお呼びください。	106
ご注文は何になさいますか？	126
ご注文はお決まりになりましたか？	106
こちらが確認書です。	82
こちらが館内図です。この美術館のパンフレットは5ドルです。	192
こちらが最後の1点でございます。お買い上げいただく価値はあります。	152

こちらでございます。はめてみられますか？	150
こちらです。30ドルを現金で、残りをカードで支払えますか？	44
こちらで召し上がりますか？お持ち帰りですか？	124
こちらには観光で来ました。	70
粉っぽくないファンデーションを探しています。	156
この赤いネクタイはいかがですか？100％シルクです。	138
この新しいランニングシューズは履き心地がいいです。	148
このウォータープルーフ（水に強い）ファンデーションをおすすめします。	156
この木彫りのキーホルダーは何を意味しますか？	160
このクーポンはこのお店の物ではなく、他のお店の物ですよ。	164
この薬には副作用がありますか？	216
この薬を以前服用したことがありますか？	216
この靴はいかがでしょうか？	146
このグラスはひび割れていますし、テーブルはべたついています。	118
このコアラのぬいぐるみはいかがですか？	158
この紺色のジャケットはいかがですか？このデザインは定番です。	140
このサラダの量はどれくらいですか？	110
このジャケットのシミを明日の朝の9時までに抜いてもらえますか？	96
この住所の熱帯水族館へ連れて行ってください。	176
この処方箋を調合してくださいますか？	216
このスーツケースを預けます。そしてこれが機内持ち込みのバッグです。	52
このスパゲティはゆで過ぎですし、このステーキも焼き過ぎです。	120
このセーターの素材は何ですか？	136
このチキンは中が生焼けです。	120
この地図に印をつけていただけませんか？	172
このチョコレートは賞味期限を過ぎています。払い戻してもらえますか？	166
この鎮痛剤をお勧めします。痛みがある時に1カプセルずつ飲んでください。	210
この鎮痛剤をどれくらいの間隔で服用すればいいですか？	210
このツアーにランチは含まれていますか？	194
このツアーは何時にどこで終わりますか？	196
この爪切りは没収しなければなりません。禁止されています。	76
このTシャツにシミがついています。返却したいです。払い戻しできますか？	166
このTシャツのSサイズはありますか？	136
このデザインが好きです。試着してもよろしいですか？	140
この手荷物引換券をお持ちください。	52
このバスに3時までには戻ってきてください。	196
この花の香りのする香水をお勧めします。	156
この半袖とこの長袖のセーターを交換してもらえますか？	166
このフラットシューズは少し大きいです。	148
このブレザーで白い色はありますか？	136
このボタンを押すだけです。	42
この道をまっすぐ行って2つ目の交差点を右に曲がってください。	172
この指輪に鑑定書はついていますか？	150
この指輪の裏に文字を刻めますか？	152
この用紙に記入して書類を郵送してください。	168
このワイシャツが気に入っているのですが、自分のサイズがわからないです。	138
このワイシャツと合うネクタイを探しているのですが。	138
このワンピースでもっと小さなサイズはありますか？	142
コモンウェルスストリートはどこですか？	174
これが税金払戻用紙で、これが申込書です。	168
これがホテルの住所と電話番号と携帯電話の番号です。	74
これがレシートです。差額は現金で支払います。	166
これが私の手荷物引換券です。	72
これにします。贈答品用に包装してくれますか？	158
これは24金の指輪ですか？	150
これは私が注文した料理ではないです。	118
これは私には少し大きすぎます。	142
これを小銭に替えてくださいませんか？	46
これを使ったことがありますが、肌に合いません。	156
これをユーロに両替してくださいませんか？	46
転びました。足を骨折したと思います。	220
転んで捻挫しました。	220
紺のジャケットがとてもお似合いですよ！	140
今晩7時に2人で予約したいのですが。	102
今晩のコンサートのチケットを2枚購入したいのですが。	198

233

この料理は冷めています。	120
さ サービスチャージが含まれております。	122
最初にお飲み物を何かお持ちしましょうか？	108
最新版のキャノンデジタルカメラです。ピンクのケースに入っています。	204
サイズ7が良いと思います。これを履いてみてください。	146
座席表を見せてもらえますか？	198
30ドル請求させていただきます。	54
30分ごとです。ホテルの前から出発します。	88
30分後に来てもらえますか？	96
30分ほど早く到着します。	66
30分も料理を待っています。	118
375号室に移っていただけます。	94
3万5千円を米ドルに交換したいのですが。	48
シーザーサラダをフレンチドレッシングでお願いします。	110
シェフに、おいしかったとお伝えください。	116
シオピーノをおすすめしますよ。有名なサンフランシスコのシチューです。	114
シカゴ行きの飛行機をどれくらい待たなければいけませんか？	68
4月3日から3泊予約したいのですが。	80
7時にはテーブルはご用意できませんが、8時ならご用意できます。	102
試着室はどこですか？	142
室内プールは何時に開いて何時に閉まりますか？	98
室内プールを使用したいのです。1時間いくらですか？	98
指定された場所でのみお写真をお撮りいただけます。	40
自分で運びます。エレベーターはどこですか？	86
シミ、そばかすを隠す特別なクリームはありますか？	154
写真撮影はしていただけますが、フラッシュはたかないでください。	40
写真にゴールデンゲートブリッジを入れていただけませんか？	42
写真をFacebookにアップしてもいいですか？	228
シャネルの化粧品はありますか？	154
シャワーが出ません。トイレも詰まっています。	94
シャワー付きのシングルの部屋が1室のみ空いております。	80
集合場所はどこですか？	196
15ドルくらいのはずです。	88
15ドルくらいです。	176
10ドル（ポンド）札を10枚にしてください。	46
12時までならご利用いただけますがそれ以降はご利用できません。	84
12番出口がメアリーデパートに行くには最適です。	188
自由の女神に上る時間はありますか？	194
宿泊料金はおいくらですか？	80
症状が良くならないようなら、病院に行ってください。	208
情報が更新されるのを待っております。	68
食後に1錠と粉薬1袋を服用してください。	216
食事のときは起こしてください。	64
調べてみますね。残念ですが、カメラは届いておりません。	204
申告する物はありますか？	76
申告する物はありません。	76
スーツケースが永久に見つからない場合はどうすればいいですか？	74
スーツケースが重量超過しています。2ポンド重いです。	54
スーツケースが見つかったら、すぐに私のところに電話をしてください。	74
スーツケースは自分で荷造りをしましたか？	54
スーツケースを開けてください。中には何が入っていますか？	76
数分だけ、この場所を取っておいてくれますか？	38
好きな物を取ってお食べください。	226
すぐに確認いたします。	92
すぐに対応させていただきます。	118
すぐにわかりますよ。	172
頭痛に効く薬はありませんか？	210
素敵なお部屋ですね！	226
スプリング駅で降りた時、財布が見つからなかったのです。	206
スペアのカードキーをもらえますか？	82
すべてがおいしいです。ありがとう。	116
すべて私の勘定につけておいてください。	126
すみません、今日の為替レートはいくらですか？	48
すみません、チョコレート売り場はどこにありますか？	162
すみません、ビタミン剤と歯磨き粉はどこで購入できますか？	162
すみません、私たちの写真を撮っていただけませんか？	42
すみません。オーダーを取ってもらえますか？	108

234

すみません。ここに座ってもよろしいですか？	36
すみません。この席を使っていますか？	36
すみません。このワンピースを試着したいのですが。	142
すみません。チェックインの時間は何時ですか？ 今チェックインしたいです。	84
すみません。ちょっとお願いしたいのですが。	136
すみません。何時にバスに戻ればいいですか？	196
すみません。前を通ってもよろしいでしょうか？	58
すみません。道に迷ったと思うのですが。私はこの地図ではどこにいますか？	172
すみません。メニューをもらえますか？	106
すみませんが、あなたは私の席にお座りだと思います。	56
すみませんが、大きなお荷物はお持ち込みいただけません。	192
すみませんが、このクーポンはお使いになれません。	164
すみませんが、この席は使っています。	36
寸法直しにどれくらい時間がかかりますか？	144
青果売り場を探しているんですが。	162
税関の標識に従って歩いてください。	76
税込で560ドル85セントになります。	98
席を1つつめてくださいませんか？	36
接続便があります。接続便に遅れたくないです。	68
セットコースはありますか？	106
1502号室の谷真理です。部屋の電気がつきません。	90
前菜は何になさいますか？	108
前菜は必要ありません。メインディッシュだけで十分です。	108
洗濯物を取りに来てくれますか？	96
全部で86ドルです。現金にされますか、それともカードになさいますか？	44
そうします。8時に行きます。私の名前は佐藤太郎です。	102
そうですね、今回はやめておきます。また今度の機会に。	134
そうですね、また別の機会にお願いします。	104
そうですね。2つで10ドルにいたしましょう。	160
そうなんですか？ 2ポンド分出して持ち込み用のカバンに入れてもいいですか？	54
そして金曜日はキートンからの最終電車をお願いします。	184
そして、これは友達へのプレゼントです。	76
そして、7番ホームから各駅停車に乗ってください。	188
そして約5分間歩いてください。今までのところ、わかりますか？	174
袖が長すぎます。短くできますか？	144
その角をちょうど曲がったところです。	28
そのサラダは二人分は十分ありますよ。	112
その部屋にします。私の名前は北亜子です。夜の9時頃に着きます。	80
それから、小銭も少しほしいです。	48
それから、値札を外すのを忘れないでくださいね。	158
それからキングスタジアムの前のルート11に乗り換えてください。	182
それなら、火曜日はキートンへの始発の電車に乗れますか？	184
それに決めるわ。袋も5枚もらえますか？	160
それはどんな料理ですか？中には何が入っていますか？	114
そんなに長くはないです。20分くらいのはずです。	104
た 体温を測らせてください。37度2分ですね。	212
大変申し訳ございません。すぐに請求書を訂正いたします。	122
大変申し訳ございません。クレジットカードのお支払いをキャンセルさせていただきます。	166
たくさん共通点がありそうです。	224
タクシー乗り場はどこですか？	28
タクシーを呼んでもらえますか？	88
たぶん、電車の中で財布をすられました。	206
チェックアウト時間を午後1時まで延長していただきたいのですが。	84
チェックインしたいのですが。今井美智子といいます。	82
チェックインの時間まで荷物を預かっていただけますか？	84
チキンがおいしそうですね。チキンをお願いします。母にも同じものをお願いします。	64
チキンかビーフ、どちらになさいますか？	64
チップはテーブルに置きました。いろいろとありがとう。	122
茶色は好きじゃないです。このデザインで黒い靴はありますか？	146
昼食に出ます。戻ってくるまでに掃除しておいていただけますか？	90
朝食付きで一泊70ドルです。	80
チョコレート売り場は次の通路、通路3の手前にあります。	162

ちょっと微熱がありますが、症状は重くはないですよ。	212
ちょっと見ているだけです。ありがとう。	134
ちょっと緩いです。つめてもらえますか？	152
ツインのお部屋をご予約いただいております。この用紙に記入していただけますか？	82
次の駅で降りてください。	188
次の駅で下車してください。	182
次のツアーは3時に始まります。	190
次のツアーは何時に始まりますか？	32
次のバス停の道路を隔てて向かい側です。	182
次の列車は何時に出発しますか？	32
翼から離れた席をお願いします。	52
つり銭なきよう、お願いします。	180
定休日はいつですか？	34
定休日は日曜日です。	34
デザートは何になさいますか？	112
デザートは不要です。お腹と相談します。デザートは後で注文します。	112
ですが、4枚だけ昼の部のチケットが残っています。	198
手荷物一時預かり所か、ロッカーはありますか？	192
手荷物引換券の番号はありますか？	72
テレビがうまく作動しません。画面が映らないのです。	94
電車の駅を降りそこねました。どうしたらいいでしょうか？	188
電車の切符をコスモ駅で購入しました。	206
電車は5番線から出発します。	186
どういたしまして。	30/228
どうしましたか？	212
搭乗ゲート81はどこですか？	54
搭乗手続きをしたいです。私のチケット、パスポート、マイレージカードです。	52
どうぞ、よろしく。乾杯！	226
どうもありがとうございます。もう1枚撮っていただけませんか？	42
道路が混み合っているので7時半にお迎えに上がってもいいでしょうか？	178
道路を隔てて中央郵便局の向かい側にあります。	174
どこでこの美術館の絵葉書を購入できますか？	192
どこで撮りたいですか？	42
ところで、運賃はいくらですか？	176
ところで、電車はどのプラットフォームから出ますか？	186

ところで、何か慢性の病気をお持ちですか？	214
土地のウイスキーはありますか？	126
途中で1カ所止まってくださいませんか？	176
どちら様ですか？	96
どちらに行かれますか？	176
どなたかに見に来ていただけませんか？	94
隣の部屋もうるさいです。別の部屋に替えていただけませんか？	94
どの薬にもアレルギー反応は出ません。私は牛乳アレルギーですが。	210
どのサラダになさいますか？	110
どの出口がMaryデパートの方面ですか？	188
どのようなカメラか説明してもらえますか？	204
どのようなタイプの朝食ですか？	86
トマト抜きのサンドイッチをお願いしたのにトマトが入っています。	120
トマトのスープにカニと季節の魚が入っています。	114
土曜日はキートンからの電車は満席です。	184
土曜日は午前11時から午後5時までです。	34
トランジットパスをどうぞ。	66
トレーテーブルを降ろしてくださいませんか？	62
トレーを下げていただけますか？	64
どれくらい下痢が続いていますか？	208
ドレスコードはありますか？	102
トロピカルガーデン行きの正しいバスに乗っていますか？	182
どんな症状ですか？	218
どんな席が空いてますか？オーケストラ席ですか？バルコニー席ですか？	198
な ないです。リバティアイランドはこのツアーには含まれていません。	194
中敷きを入れてみたらどうでしょうか？	148
眺めの良いテーブルはありますか？	102
なぜ使えないのですか？	164
何がありますか？	62
何がおすすめですか？本日の特別メニューは何ですか？	106
何がカバンの中に入っていましたか？	206
何か身分を証明するものを提示していただけますか？	82
何にでも合うジャケットを探しています。	140
何をお探しですか？	134
生ビールを1杯お願いします。	126
何時に開いて、何時に閉まりますか？	34
何時に次のバスは出ますか？	88

何時に搭乗が始まりますか？	54
何時にヨーロッパ美術館は開館しますか？	32
２階の遺失物係に行かれたらどうでしょうか？	204
２階のギフトショップでご購入いただけます。	192
２階の出口のそばにあります。	28
２階のレストラン「アゼーリア」で午前７時から正午までです。	86
20ドルくらいです。	144
２度目です。どちらのご出身ですか？	26
２番通路の健康用品売り場にあります。	162
２ブロック向こう側です。まっすぐ２ブロック進んでください。	174
日本円は使えますか？	44
日本語の音声ガイドを借りたいです。	190
日本ではサイズは24を履いているのですが、アメリカのサイズはわかりません。	146
日本には、春と夏の間の雨季とはっきりした四季があります。	224
日本の新聞はありますか？	60
２枚の入場券と２枚の特別展のチケットをお願いします。	190
入場料が10ドルで特別展のチケットが５ドルです。	190
ニューヨーク１日観光ツアーに参加したいのですが、いくらですか？	194
熱帯水族館に到着しました。25ドルです。	178
眠くなるかもしれませんし、少し胃が痛くなるかもしれません。	216
乗り継ぎ時間はどれくらいありますか？次のフライトをどこで待てばいいですか？	66
は はい、すぐにお持ちいたします。	58
はい、男性はジャケットとネクタイをご着用ください。	102
はい、朝日新聞と日経新聞がキャビンの後ろのラックにございます。	60
はい、あなたは１時間並んで待たなければなりません。	38
はい、お届けがあります。	204
はい、カードをいただけますか？	44
はい、こちらカメリアレストランでございます。	102
はい、こちらでございます。５ドルです。	60
はい、これが一番人気のあるコンシーラーです。	154
はい、自分で荷造りしました。	54
はい、10文字までなら５ポンドでございます。	152
はい。処方薬は20分でご用意できます。	216
はい。すぐにお持ちします。	92
はい。倉庫からすぐにお持ちします。	136
はい。だけど今日は列は早く動いていますよ。	38
はい。弊社の方針でございます。	60
はい。レストランの近くに何か目印はありますか？	174
バイキング形式です。さまざまな新鮮な食べ物をお楽しみいただけますよ！	86
ハウスキーピングです。ベッドメイキングに来ました。	96
測らせていただきますね。あなたのサイズはMです。	138
吐きそうです。	218
バスが午前９時にニューヨークホテル前に迎えに上がります。	196
バスタオルがありません。バスタオルをいただけますか？	92
バス付きのシングルの部屋はありますか？	80
パスポート、入国カード、それに帰りの航空券を見せていただけますか？	70
パスポートと書類と帰りの航空券と購入した商品です。	168
鼻が詰まっています。	218
鼻水も出ますし、咳も少し出ます。	212
母と私は一緒に座りたいのです。	36
バルコニー席だけが空いています。	198
ヒールが低い幅広の靴はありますか？	146
飛行機の酔い止め薬はありますか？	60
飛行機はなぜ遅れているのですか？	68
飛行機は何時に離陸しますか？	32
膝を擦りむきました。よく効く薬はありますか？	210
肘も打ちました。	220
左から２番目の指輪を見てもよろしいですか。	150
ピッタリの靴が欲しいです。	148
ビニール袋をお願いします。	164
100ドル紙幣を１枚、20ドルを５枚、10ドルを５枚、残りは１ドル紙幣でお願いします。	48
敏感肌用のこの日焼け止めローションをおすすめしますよ。	154
ヒントンホテルに滞在する予定です。	70
フェアウェイに行くにはどこで乗り換えたらいいですか？	188
フェリーから自由の女神をご覧いただけます。	194
２つ買ったら安くしてくれますか？	160
２日間滞在を延ばしたいのですが。	84

2日続いています。食欲がありません。	208
フライトはいかがでしたか？	224
フライトは良かったですが、まだ少し時差ボケしています。	224
フラッシュをたいてもいいですか？	40
古い靴を処分してくださいませんか？くたびれています。	148
ペアリングで男性用はありますか？	152
ベイクドポテトをお願いします。	114
平和を象徴します。	160
ヘッドフォンにも支払わなければならないのですか？	60
ヘッドフォンをもらえませんか？	60
包帯を巻いて血を止めましょう。	220
訪問の目的は何ですか？	70
他の薬を服用されていますか？	208
保険のための診断書をもらえますか？	214
ホノルルには時間通りに到着しますか？	66
ホノルルの現地時刻は何時ですか？	66
本日のスープはオニオンポタージュです。	112
本日の特別料理はグリルサーモンです。	106
本日予約しています。オンラインで予約しました。	82
本当に申し訳ございません。すぐに新しいお料理をお持ちします。	120
本当に申し訳ございません。厨房にすぐにご注文を用意するように言います。	118
ま まあ！ いつもこんなに長い列なんですか？	38
毎食後にこの錠剤を飲んでください。	208
マスターカードは使えますか？	44
マスタードとマヨネーズをお願いします。	124
マスタードになさいますか、ケチャップになさいますか？	124
また、音声ガイドを5ドルでお借りいただけます。	190
まだ決めていません。もっと時間が必要です。	106
まだ食べています。	116
まだ血が出ています。	220
または、量を半分にしていただけますか？	116
まだ料理をつくり始めていないならロールキャベツをキャンセルしたいです。	116
待ち時間はどれくらいですか？	104
町を案内してくださってありがとうございます。	228
窓側の席をお願いします。	52
まもなくミールサービスを始めますが。	64

右から2番目です。	72
右から3つ目の指輪をはめてみたいです。	150
水割りをお願いします。	126
皆さん！ 乾杯したいと思います。	226
耳鳴りがします。	218
昔の巨匠の絵画の特別展を見たいのですが。	190
向こうの女性が飲んでいるのと同じカクテルをお願いします。	128
胸がむかつくし、めまいがしますし、熱っぽいです。	218
免税手続きをしたいのですが。	168
免税手続きをするための書類が必要です。	168
メンテナンス係がすぐにそちらにお伺いします。	94
もう一度繰り返してくれませんか？	30
申し訳ございません。今すぐ請求書を修正いたします。	98
申し訳ございません。現金で払い戻しさせていただいてもよろしいですか？	166
申し訳ございません。すぐに誰かを行かせます。	90
申し訳ございません。すぐにテーブルを拭いて新しいグラスをお持ちします。	118
申し訳ございません。夜の部のチケットはすべて売り切れました。	198
申し訳ございませんが、空いているテーブルはございません。	104
申し訳ございませんが、このデザインで黒い靴は今朝売り切れました。	146
申し訳ございませんが、シャネルの化粧品は扱っておりません。	154
申し訳ございませんが、ただ今在庫を切らしております。	136
申し訳ございませんが、バス付きのシングルの部屋は満室です。	80
申し訳ございませんが、両替所に行ってくださいませんか？	46
申し訳ないですが、私には派手すぎます。	138
もう少し見てみます。	134
毛布をもう一枚もらえますか？	58
持ち帰り用のホットドッグを2つお願いします。	124
もちろん！ ミネラルウォーターのボトルがほしいです。炭酸抜きでお願いします。	108
もちろん、喜んで。だけど逆光になりますが。	40
もちろんです。1日だけでいいからベッドで寝て休養しなさい。	214

もちろんですよ。このお店には仕立て屋さんがありますから。	144
もっとガーリックパンをもらえますか？	112
もっとゆっくり話してくれませんか？	30
や 約1時間です。搭乗口近くの待合室でお待ちいただけますか？	66
山田の名前で8時に予約しています。	104
浴槽の栓が閉まりません。トイレの水が流れません。	92
4人グループですが、席が離れ離れになっています。	56
予約はしていません。3人用のテーブルはありますか？	104
ら 了解です。あなたの出発時刻、車両番号と座席番号はここに書かれています。	184
料理の中に髪の毛が入っています。	120
旅行を続けることは可能でしょうか？	214
レインボー劇場に行く道を教えていただけませんか？	172
レシートは袋の中にお入れしましょうか？	164
レジの隣です。試着室までお連れしましょう。	142
レストラン「インディアンカレー」に行く道を教えてくれませんか？	174
レントゲンを撮りましょう。	220
連絡先の住所と電話番号を書いていただけますか？	74
連絡を取り合いましょう。	228
廊下の突き当たりでございます。	86
6番目の停留所ですよ。路線図をどうぞ。	180
ロックでもらえますか？	128
ロンドン限定盤の時計XXを購入したいのですが。	152
わ わ～！ やっと見つけられたわ！はめさせてもらってもいいですか？	152
わあ！ 長い列だ。これは何の列ですか？	38
ワールド動物園に行きたいのですが。どのバスに乗れば良いですか？	180
ワールド動物園に到着したら教えてください。	180
ワールド動物園まではいくつバス停がありますか？	180
ワインリストを見せてもらえますか？ハウスワインはありますか？	110
わかりました。あちらは当店のオリジナルカクテルです。ワインベースのカクテルです。	128
わかりました。この用紙に記入してください。	206
わかりました。10ドル（ポンド）が10枚です。	46
わかりました。チケットを2枚お願いします。前の方の席に座りたいです。	198
わかりました。どうもありがとうございます。	30
わかりました。どこがいいでしょうか？	176
わかりました。2時間後に戻ってきます。	144
わかりました。もう少し右に動いてください。いいですか？「チーズ」と言ってください。	42
分けて食べたいです。小皿をもらえますか？	112
私にください。ありがとう。	164
私の子供がジュースをこぼして、私はナイフを落としました。	118
私のサイズを測っていただけませんか？	138
私の趣味は読書と旅行です。私は犬が大好きです。	224
私のスーツケースが見つかりません。ターンテーブルから出てこないです。	72
私のスーツにアイロンをかけてくれますか？	96
私の席はどこでしょうか？搭乗券には48Cと書かれています。	56
私の名前は田中佳代子です。カコと呼んでください。初めまして。	26
私の肌は敏感肌です。	154
私の部屋の掃除がまだされていません。散らかっています。	90
私の部屋は通りに面した2階です。うるさいです。	94
私の身の回りの物だけです。	76
私の予算は20ポンドから30ポンドまでです。	156
私はあなたが日本からの長いフライトで疲れていると思います。	214
私はイカ墨スパゲティを食べていませんよ。	122
私はカナダ出身です。	26
私は経理担当者です。商社で働いています。	70
私はこのお勘定はどこか間違っていると思います。	122
私はその売り場を担当しています。お連れしますよ。	162
私はダレン・スミスです。初めまして。	26
私はハイキングやキャンプなどのアウトドアアクティビティが好きです。	224
私を家に招待してくださりありがとうございます。	226
私をメアリーブティックで数分だけ降ろしてください。	176

239

● 著者紹介

柴山かつの　Shibayama Katsuno

京都産業大学非常勤講師。オフィスレム顧問。日米英語学院梅田校および多くの大学・企業でTOEIC、英検、ビジネス英語、日本文化の講師を務めた経験を持つ。英検1級、通訳案内士資格保持。通訳ガイドの経験を持ち、自身も16カ国を旅している。著書に『TOEIC Bridge® スピードマスター』『すぐに使える接客英会話大特訓』『はじめてのTOEIC® テスト入門模試』(以上、Jリサーチ出版)、『あなたも通訳ガイドです 英語で案内する京都』『あなたも通訳ガイドです 英語で案内する東京・鎌倉・日光』(以上、ジャパンタイムズ) など多数。

本書へのご意見・ご感想は下記URLまでお寄せください。
http://www.jresearch.co.jp/kansou/

カバーデザイン	滝デザイン事務所
本文デザイン／DTP	ポイントライン
カバーイラスト	みうらもも
本文イラスト	みうらもも／田中 斉
英文校正	Paul Dorey
音声録音・編集	一般財団法人 英語教育協議会 (ELEC)
CD制作	高速録音株式会社

世界中使える旅行英会話 大特訓

平成27年(2015年)7月10日　初版第1刷発行
平成29年(2017年)7月10日　　　　第4刷発行

著　者	柴山かつの
発行人	福田富与
発行所	有限会社 Jリサーチ出版
	〒166-0002 東京都杉並区高円寺北2-29-14-705
	電　話 03(6808)8801(代)　FAX 03(5364)5310
	編集部 03(6808)8806
	http://www.jresearch.co.jp
印刷所	(株)シナノ パブリッシング プレス

ISBN978-4-86392-234-1　禁無断転載。なお、乱丁・落丁はお取り替えいたします。
©2015 Katsuno Shibayama, All rights reserved.